BIBLIOTHÈQUE NATIONALE.

MANUSCRITS LATINS ET FRANÇAIS

1875-1891

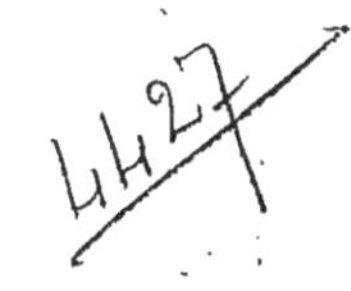

N. B. — L'Inventaire alphabétique forme un volume in-8° de LXXXVIII et 856 pages, divisé en deux parties.

BIBLIOTHÈQUE NATIONALE.

MANUSCRITS LATINS ET FRANÇAIS

AJOUTÉS AUX

FONDS DES NOUVELLES ACQUISITIONS

PENDANT LES ANNÉES 1875-1891

PRÉFACE

D'UN

INVENTAIRE ALPHABÉTIQUE

PAR

LÉOPOLD DELISLE

MEMBRE DE L'INSTITUT

ADMINISTRATEUR GÉNÉRAL DE LA BIBLIOTHÈQUE NATIONALE

PARIS

H. CHAMPION, LIBRAIRE

9, QUAI VOLTAIRE

1891

PRÉFACE.

Je me propose d'indiquer, dans la première partie de cette préface, l'origine et le caractère des accroissements qu'ont reçus, depuis le 1er janvier 1875 jusqu'au 15 mars 1891, le fonds latin et le fonds français des manuscrits de la Bibliothèque nationale. Dans la seconde partie, j'ai réuni les renseignements et les observations qui m'ont paru les plus utiles à faire connaître sur l'état actuel du Département des Manuscrits.

PREMIÈRE PARTIE.

Accroissements du Département des Manuscrits de 1875 à 1891.

Il m'a semblé utile de faire connaître, ne fût-ce que par des notices sommaires, les manuscrits dont le fonds latin et le fonds français se sont accrus dans les seize dernières années et dont le nombre s'élève à plus de 3,500, environ 1,060 dans le fonds latin et environ 2,400 dans le fonds français. Ils proviennent d'acquisitions, de dons, de réintégrations, de classements d'anciens résidus et de transmissions faites par le Département des Imprimés.

Acquisitions.

On peut évaluer à environ 434,000 francs les sommes que les crédits ordinaires ou extraordinaires portés aux budgets de l'État ont permis de consacrer depuis 1875 à des achats de manuscrits. Dans ce total, les textes latins et français sont compris pour environ 320,000 francs ; la part des langues orientales s'est élevée à 66,000 ; celle du grec à 5,000 ; celle de diverses langues vivantes de l'Europe à 43,000.

Beaucoup des acquisitions ont été faites de gré à gré soit à des libraires, soit à des amateurs, ou, pour mieux dire, aux héritiers de possesseurs de bibliothèques : c'est ainsi que, sans parler des achats de manuscrits isolés, nous avons recueilli : en 1881, la collection que Joursanvault avait jadis formée sur l'histoire de la Bourgogne et de la Franche-Comté ; — en 1882, la série de pièces autographes (y compris une bulle originale de Paschal II) que Lefèvre, l'ancien bouquiniste de l'arcade Colbert, avait conservée après s'être retiré en Alsace ; — de 1883 à 1885, une notable partie des chartes et des manuscrits de l'abbaye de Remiremont, qu'avait possédés M. Friry; — en 1886, un lot considérable de papiers et de parchemins qu'avait amassés M. Miller[1]; — en 1887, la belle collection de chartes et de manuscrits qu'avait formée M. Jules Desnoyers; — en 1889, la portion des recueils de M. Lacabane qui ne faisait pas double emploi avec les collections de la Bibliothèque nationale.

Les ventes publiques nous fournissent souvent d'excellentes occasions, surtout quand elles comprennent des manuscrits de modeste apparence, qui, pour ne pas rentrer dans le programme ordinaire des plus riches bibliophiles, n'en sont pas moins très dignes d'être recherchés et étudiés. Les ventes des quinze dernières années, dans lesquelles d'importantes adjudications ont été prononcées au profit de la Bibliothèque nationale, ont porté sur les collections suivantes :

1878. Restes de la bibliothèque du monastère espagnol de Silos, où nous avons rencontré une belle collection de manuscrits visigothiques[2].

1878-1884. Six fractions de la bibliothèque de M. Firmin-Didot.

1878. Collections calligraphiques de M. Taupier, professeur d'écriture.

1879. Bibliothèque de M. Rouard, ancien bibliothécaire de la ville d'Arles.

1879. Restes de la bibliothèque du château de Verteuil, comprenant les livres d'Anne de Polignac[3].

1880. Bibliothèque de M. Quenson, à Saint-Omer.

1. Plusieurs anciens manuscrits grecs et latins qu'avait recueillis M. Miller doivent être restés dans sa famille.

2. Voyez mes Mélanges de paléographie, p. 53-116, et Catalogue de livres rares... et de manuscrits du IXe au XVIIIe siècle, rédigé par M. Bachelin-Deflorenne; la vente aura lieu le samedi 1er juin 1878... Paris, 1878. Grand in-8°, avec planches.

3. Voyez Mélanges de paléographie, p. 305-349. — Aux manuscrits que j'ai indiqués comme acquis à cette vente par la Bibliothèque nationale, il faut ajouter un ouvrage de Guillaume Budé, qui nous a été donné par le marquis de Queux de Saint-Hilaire, et dont la notice est plus loin, p. 86.

1881. Bibliothèque de M. Michel Chasles, membre de l'Institut.

1883. Bibliothèque de M. Grangier de La Marinière (collections nivernaises).

1884. Bibliothèque de M. Pinard (histoire et langues de l'Amérique).

1885. Bibliothèque de M. Mathon à Beauvais (collections sur la Picardie et la haute Normandie).

1889. Bibliothèque de M. Bordier, bibliothécaire honoraire à la Bibliothèque nationale.

Nous avons de grandes facilités pour nous rendre un compte exact des manuscrits qui sont mis en vente à Paris ou dans les grandes villes de France; les vérifications sont plus embarrassantes à l'étranger; nous trouvons cependant moyen de suivre les ventes qui se font à Londres et dans lesquelles figurent souvent d'importants manuscrits français qui ont émigré en Angleterre au XVIIIe siècle ou dans la première moitié du XIXe, et qu'il y a un intérêt majeur à ramener sur le sol natal. Nous avons ainsi pu conquérir neuf anciens manuscrits de notre littérature du moyen âge :

En 1883, à la vente des collections de Sunderland, un Coutumier de Montpellier, en langue provençale, du XIIIe siècle, qui avait appartenu à l'intendant Foucault;

En 1889, à la vente des livres du comte de Hopetoun, le Roman de Berthe aux grands pieds par Adenet le Roi, et le Roman de Charlemagne par Girard d'Amiens;

La même année, à la vente des livres de M. Burton Constable, le Roman de Beuve de Hantonne et celui du comte d'Anjou, suivi de diverses poésies françaises;

Encore en 1889, à la vente des manuscrits du duc de Hamilton, le second livre des Chroniques de Baudouin d'Avesnes et la traduction du Paradis de Dante par François Bergaigne;

En 1890, à la vente des livres de F.-W. Cosens, un psautier latin-français du XIIe siècle;

En 1891, à la vente de la bibliothèque de W.-H. Crawford,

la Chronique des rois de France par un anonyme de Béthune, suivie d'une autre Chronique et du poème de Gautier de Coinci;

En 1891, à la vente des livres d'Édouard Hailctone, un psautier[1] traduit en vers français et daté de l'année 1312.

En Belgique, nous avons pu nous assurer la possession de presque tous les anciens manuscrits qui avaient appartenu à M. Vergowen et qui ont passé en vente à Bruxelles en 1884.

C'est aussi de Belgique que sont venus trois beaux manuscrits, en italien et en espagnol[2], qui avaient fait partie de la bibliothèque du duc de Osuna.

En 1885, nous avons recueilli cinq manuscrits jadis conservés à Séville dans la bibliothèque colombine[3], notamment un roman de Brut et une chronique lombarde du xve siècle; nous ne les avons acquis qu'après avoir vérifié que le chapitre de Séville renonçait à en poursuivre la restitution et qu'il ne nous saurait pas mauvais gré d'en assurer la conservation dans un dépôt accessible aux savants de tous les pays.

Le bel exemplaire de l'Apocalypse de Beatus, qui sera décrit à la page 41, nous est venu directement d'Espagne.

L'Italie, elle aussi, nous a fourni un contingent d'une certaine valeur : les restes de la bibliothèque d'une abbaye cistercienne de la haute Italie, probablement celle de l'abbaye de Morimond, au diocèse de Milan[4]; — un recueil des lettres

1. Nouv. acq. fr. 4600. — Ce ms. a été acheté postérieurement à la date à laquelle j'ai dû arrêter le présent inventaire.

2. N° 458 du fonds espagnol, et n°s 1702 et 1703 du fonds italien. — Ces trois volumes ne figurent pas sur le Catalogo abreviado de los manuscritos de la biblioteca del exc. señor duque de Osuna é Infantado, hecho por el conservador de ella don José Maria Rocamora. Madrid, 1882. In-8°.

3. Voyez l'ouvrage de Henry Harrisse, Excerpta Colombiniana (Paris, 1887, in-8°), p. 46.

4. Ces manuscrits ont été achetés aux frais de M. le duc de La Trémoïlle.

de saint Augustin, en écriture lombarde du XIe siècle ; — différents manuscrits de la famille de Silva, dispersés après une vente publique faite à Paris en 1868 ; — une partie de la collection « di casa Minutoli Tegrimi, » qui semble avoir été apportée en France par Eugène Piot et dont les morceaux les plus importants furent cédés à M. Didot ; — une Vie des Pères en italien, aux armes des ducs de Milan ; — un volume peint en 1493 par Nardo Rabicano pour le roi de Naples ; — quatre manuscrits et une charte provenus de ce démembrement de la bibliothèque Trivulce, qui fut successivement (1886-1888) mis en vente à Milan, à New-York et à Francfort[1] ; — un manuscrit de la Notice des dignités que M. Camille Jullian avait examiné à Florence en 1881.

A défaut des textes originaux, immobilisés dans des dépôts publics ou dans des archives de famille, nous nous procurons des copies qui mettent à la portée de nos compatriotes des documents fort utiles pour les travaux historiques. Ainsi, dans ces dernières années, nous avons pu enregistrer sur nos catalogues des transcriptions qui sont à peu près l'équivalent de recueils d'un accès difficile pour les Français. Tels sont :

La série des dépêches des ambassadeurs italiens résidant en France, du XVIe au XVIIIe siècle, principalement de 1554 à 1799, qui forme plusieurs centaines de liasses aux Archives de Venise et dont la copie remplit plus de 300 volumes du fonds italien (nos 1714-2000, 2002-2015, 2019-2023) ;

1. L'inventaire de cette collection fut d'abord autographié sous le titre de : Raccolta di manoscritti con miniature dal secolo X° in avanti già appartenenti al marchese Carlo Trivulzio. Milano, U. Hoepli, 1886. In-8° de 26 p. — La vente qui devait s'en faire à New-York le 27 novembre 1886 fut annoncée par ce catalogue : Medieval Nuggets from the Trivulzio library. New-York, 1886. In-8° de 34 p. — En 1887 ou 1888, Julius Hamburger, de Francfort, distribua des exemplaires du catalogue autographié de 1886, après en avoir retranché les notices relatives aux manuscrits qui n'étaient plus à vendre. — Les articles acquis par la Bibliothèque nationale portent les nos 458, 459, 460, 462 et 2564 dans le fonds latin des Nouvelles acquisitions ; voyez plus loin, p. 210, 395, 416 et 627.

Treize volumes d'anciennes correspondances françaises conservées à la Bibliothèque impériale de Saint-Pétersbourg ;

Deux cartulaires français du Musée britannique (ceux de l'abbaye de Palais et de la léproserie de Bolleville) ;

Le cartulaire de l'abbaye de Quimperlé et les chartes normandes de lord Beaumont, au château de Carlton ;

Le recueil épistolaire de Richard de Bury, recueil si précieux pour l'histoire de la Guienne au temps de la domination anglaise, que M. Ormsby-Gore a bien voulu nous envoyer en communication ;

Différents cartulaires conservés dans plusieurs dépôts publics français ou appartenant à des particuliers, dont la nomenclature sera donnée un peu plus loin.

Si les fonds mis à la disposition de la Bibliothèque nationale le permettaient, il faudrait résolument entreprendre, pour le Département des Manuscrits, la copie d'une foule de documents essentiellement français, dont les originaux sont à l'étranger ou dans des collections particulières françaises, et dont l'étendue ne permet guère d'espérer qu'il en soit jamais donné des éditions complètes. Il serait même à désirer qu'on en eût des reproductions photographiques, comme celles dont a été l'objet, en 1883, le premier registre de Philippe-Auguste, sorti depuis trois siècles du Trésor des chartes et aujourd'hui déposé au Vatican, ou bien encore comme celle des Rôles gascons du règne d'Édouard Ier, que le Maître des rôles a fait exécuter au Record office de Londres et dont toutes les feuilles nous sont parvenues.

Dons.

Au cours du présent volume on trouvera les noms de beaucoup de bienfaiteurs à la libéralité desquels nous devons des manuscrits de tout genre et des chartes de toutes les époques. Nous nous sommes fait un devoir de les nommer pour perpétuer le souvenir d'actes généreux dont bénéficieront de nombreuses générations de savants. Mais les indications disséminées çà et là dans les notices du catalogue ne me dispensent pas de grouper ici les noms inscrits depuis 1875 sur les registres de la Bibliothèque nationale pour différents dons qui ont contribué à enrichir les fonds auxquels la présente publication est spécialement consacrée.

ANTIQUAIRES DE FRANCE (Société des). Pièces originales du XVe au XVIIIe siècle.

AUBERT (M. Édouard). Inventaire des titres de Saint-Maurice en Valais.

AUDÉOUD (M. Th.). Chartes de l'hôpital de Burgos.

AURIAC (M. Eug. D'). Requête de Linguet.

BANCEL (M. E.-M.). Lettres de Jean Perréal de Paris et de Le Maire de Belges.

BARBIER (M. Louis). Correspondance et papiers de la famille Barbier.

BARBIER DE MONTAULT (Monseigneur). Correspondances du XVIIIe siècle.

BART (M.), de Versailles. Diplôme de Louis VII pour le monastère d'Argenteuil.

BARTHÉLEMY (M. Anatole DE). Bulles de papes. Chartes de Bretagne et de Champagne. Copies de chartes d'Aoste.

BAUDOT (M. P.-L.). Généalogie de Lezay-Marnesia.

BÉGIN (Le docteur). Documents divers sur Metz et la Lorraine.

BÉNET (M. Armand). Catalogue des mss. de Cluni. Partie du recueil de Philibert Bouché sur Cluni.

BENOÎT (M. A.). Recueil de documents sur Joigny.

BERTRAND (Félix). Histoire de La Roche-Guyon.

BISTON (M. P.). Actes de la seigneurie d'Anthenay.

BLAIZE (Mme veuve). Manuscrits originaux de La Mennais.

BLANC (M. Edmond). Plusieurs chartes et un feuillet d'un ancien manuscrit de Marco Polo.

BLANCARD (M. Louis). Papiers de Gabriel Jourdan et de l'ingénieur Gueymard.

BONVALLOT (M. le conseiller). Procédures du XVIIe et du XVIIIe siècle.

BORDIER (M. Henri). Documents sur la famille de Ludre.

Borel d'Hauterive (M.). Chartes diverses.

Boselli (Mme). Deux papyrus grecs. Lettres adressées à M. Jomard.

Bouis (M. le docteur de). Copie de cartulaires normands. Constitutions de la Maison-Dieu de Vernon.

Boullé (Mme veuve). Plusieurs lots de chartes.

Briare (Les liquidateurs de la Compagnie du canal de). Documents relatifs à ce canal. (Nouv. acq. fr. 5919-5930.)

Brun-Durand (M.). Registre d'un commissaire des guerres à Valence.

Brunet (M.), ancien ministre. Terrier de Beaumont près Peyrat.

Burnouf (Mme Eugène). Papiers d'Eugène Burnouf.

Cahier (Le R. P.). Un calendrier gravé sur tablettes de bois.

Carnot (M. le président). Charte de René d'Anjou.

Chaley (Mme veuve). Papiers des Roland.

Charavay (M. Étienne). Lettres de Le Brun des Marettes. Lettres de Gabriel Naudé à Doni. Terrier de Pierre de Monjournal.

Chassaing (M. Aug.). Fragments d'un très ancien manuscrit de médecine. Obituaires de l'abbaye de Solignac et des Cordeliers de Saint-Junien. Registres de l'abbaye de Mégemont. Fragment d'un compte de Jean, duc de Berri. Procédures relatives à la vicomté de Narbonne. Titres de la famille Agrain des Ubacs. Portulan du xve siècle.

Chauchart (M. Hipp.). Deux lettres de Victor Jacquemont.

Chavot (M. Th.). Titres de l'abbaye de Cluni.

Constant (M.), professeur à la Faculté d'Aix. Collation de deux manuscrits du Roman de Thèbes conservés en Angleterre.

Cornu (Mme Hortense). Lettres de l'empereur Napoléon III.

Couderc (M. Camille). Pèlerinage à Jérusalem en 1461, etc.

Courson (M. Aur. de). Feuillet d'un ancien cartulaire de Redon.

David d'Angers (M. Robert). Mémoires de Larevellière de Lépeaux.

Davilliers (Mme la baronne). Trois livres d'heures et un missel. Chartes d'Italie.

Delsor (M. l'abbé). Feuillet d'un registre des enquêteurs de saint Louis.

Deprez (M. Michel). Copie des rapports relatifs à l'affaire Libri.

DESNOYERS (M. Jules). Fragment d'un manuscrit copié par Adalbaldus.

DEULLIN (M.). Manuscrit de Joinville ayant appartenu à Brissart-Binet. Œuvres de Cyrano de Bergerac. Exemplaire original des Mémoires de Mlle de Launay[1]. Papiers bibliographiques de Cotton des Houssayes, de Mercier de Saint-Léger et de François Servoin.

DIDOT (Les héritiers de M. Firmin-). La quête du saint Graal, ms. du XIIIe siècle. Roman de Daurel et Beton, etc.

DORANGE (M.). Copie d'une partie des Vies des poètes français de Colletet.

DOSNE (Mlle). Éloge de Vauvenargues par M. Thiers.

DUCAMP (M. Maxime). Les Mœurs de mon temps.

DUCHESNE (M. l'abbé). Un feuillet du ms. grec des Épîtres de saint Paul en lettres onciales.

DUFOUR (M.), de Corbeil. Jugements du parlement du temps de François Ier.

DUPLESSIS (M. Georges). Lettres adressées à son père.

ELLIS (M.), libraire à Londres. Recueil d'opuscules relatifs à la vie et au culte de saint Denis, beau ms. du XIIIe siècle.

FARCY (M. P. DE). Copie de l'ancien coutumier de l'église de Bayeux.

FÉDÉRIQUE (M.), de Vire. Copie de lettres de Huet.

FILLON (M. Benjamin). Lettres italiennes de Gabriel Naudé. Contrat de mariage signé en 1695 par Louis XIV et Mme de Maintenon. Minute du testament de Jean Varin.

FLAMMERMONT (M. Jules). Inventaire de la correspondance des ministres américains en France, de 1789 à 1815. En anglais.

FRIEDMANN (M. Paul). Clés de chiffres du XVIe siècle.

GARRAU DE BALZAN (Le comte). Requête des religieux de Saint-Germain-des-Prés en 1765.

GAZIER (M.). Fragments du poème de Mainet et de la Cité de Dieu traduite par Raoul de Prêles.

GIRARDOT (Le baron DE). Registre du XIVe siècle relatif à la ville d'Alais.

1. Ce manuscrit, remis à la Bibliothèque après la clôture du présent inventaire, a pris le n° 6296 dans le fonds français des Nouvelles acquisitions.

Giraud (M. P.-Ém.). Bréviaire de Romans. Privilèges du Dauphiné. Testament d'Aymar du Rivail. Compte de la représentation du mystère des Trois Doms.

Grande-Bretagne (Le Maître des rôles de la). Reproduction photographique de tous les Rôles gascons du règne d'Édouard Ier.

Grouchy (Le vicomte de). Ms. de l'abbaye de Savigni, renfermant un traité de Richard de Saint-Victor. Notes sur la maison de Grouchy et documents divers tirés des archives de cette famille.

Guibout (Mlle). Fragments d'un cartulaire du chapitre de Laon.

Guilhermy (La famille de). Papiers archéologiques du baron de Guilhermy.

Guilhiermoz (M. Paul). Notices de Paul Lacroix. Catalogue des livres du collège d'Urbain V à Montpellier en 1574.

Haigneré (M. l'abbé). Documents sur l'évêché de Boulogne pendant la Révolution.

Halleguen (Le docteur). Papiers de M. Penguern sur la littérature populaire de la Bretagne.

Hamy (M. le docteur). Ancienne charte galloise.

Hanotaux (M. Gabriel). Copie d'une partie du ms. 113 de Berne.

Havet (M. Julien). Actes relatifs à la ville de Hesdin et aux forêts de Normandie.

Hugo (Victor). Manuscrits de ses œuvres.

Huillard-Bréholles (Mme veuve). Papiers de M. Huillard-Bréholles relatifs à Frédéric II et à des correspondances du château de Dampierre.

Jacotin (M.), archiviste de la Haute-Loire. Fragment d'un ms. catalan, la Destruction de Jérusalem.

Lacroix (M. Paul). Considérations de Dufresne sur la révolution de Saint-Domingue. Papiers de Mme de Genlis.

La Ferrière (Le comte H. de). Copie du Journal de la comtesse de Sanzay. Documents relatifs au chevalier d'Arcq.

Laigue (M. de). Titres de la maison de Laigue, depuis le xive siècle.

Lair (M. Jules). Lettres de Mlle de La Vallière au maréchal de Bellefond.

Lasteyrie (Le comte Robert de). Papiers relatifs à la Suède. Privilèges de la maison de Ximenez en espagnol.

Latapie de Ligonie (Le baron et la baronne de). Charte de l'abbé de Saint-Corneille de Compiègne en 1221, et registre des compagnies du corps de Condé en 1796.

Laude (M.). Photographie de deux diplômes carlovingiens de Parme.

Le Blanc (M. Paul). Fragments d'un graduel. Lettre de Louis XI.

Ledieu (M. Alcius). Extraits d'un ancien terrier du Pontieu.

Leferme (M.), et sa femme, née David d'Angers. Exemplaire de La Marseillaise, de la main de Rouget de Lisle.

Lefort (M. F.). Photographie d'un document relatif à saint Bénézet.

Leguay (Mme veuve). Terrier de Saint-Maur-des-Fossés.

Lenormant (Mme Ch.). Fragments d'écrits de Mme de Stael.

Leroy (M.), archiviste de Seine-et-Marne. État des manuscrits et des imprimés de la bibliothèque du Vatican en 1811.

Lespy (M.). Récits d'histoire sainte en béarnais.

Letronne (Mlle). Papiers archéologiques de M. Letronne.

Marchegay (M. Paul). Copie de documents relatifs à l'Anjou et au Poitou.

Maspéro (M.). Somme de Raimond de Penafort. XIIIe siècle. (Nouv. acq. lat. 506.)

Meyer (Le docteur W.), professeur à Gœttingue. Lettre originale de Louis, duc d'Anjou.

Miller (Mme veuve). Neuf feuillets du ms. grec des Épîtres de saint Paul en lettres onciales.

Molinier (MM. Aug. et Ém.). Copie du fragment d'Oribase conservé à Berne. Copie de l'obituaire de Saint-Quentin. Compte d'un Lombard en 1458. Actes relatifs à un moulin situé dans le Milanais.

Morand (M.), de Boulogne. Définitions du chapitre de Cluni en 1323.

Moreau (Docteur Alexis). Ouvrages médicaux du docteur Ant. Petit.

Mortreuil (Mme veuve), de Marseille. Recueil formé par son mari sur l'histoire de Marseille.

O'Farrell (M. Arthur), par l'intermédiaire de M. Lascombe. Documents sur l'histoire et la littérature de l'Inde.

Pannier (Mme veuve). Collection de chartes recueillies par son mari Léopold Pannier.

Pauly (M.), conservateur adjoint. Traité de la Mort des désirs.

Peigné-Delacourt (M.). Copie des cartulaires du Palais et de Bolleville.

Petit (M. Ernest). Documents relatifs à Cluni. Recueil de Philibert Bouché, etc. (Nouv. acq. fr. 4587-4596.)

Piot (M. Eug.). Fragment d'un roman de la Table ronde, et Grammaire latine à l'usage des Italiens. (Nouv. acq. lat. 1659.)

Pontaumont (M. de), de Cherbourg. Chartes des abbayes du Vœu et de Saint-Sauveur-le-Vicomte.

Potier de La Morandière (M.). Deux chartes de 1197 et de 1285.

Potiquet (M.). Terriers de Magny, etc.

Pouy (M.), d'Amiens. Vie de Jérôme Bignon. Papiers du cabinet d'Achille de Harlay. Sur les antiquités de Pouzzoles.

Prou (M. Maurice). Copie de chartes appartenant à Mme Leroux, de Fismes.

Queux de Saint-Hilaire (Le marquis de). Une trentaine de manuscrits latins, français et italiens, dont les principaux sont d'origine italienne.

Quin (M. Charles), du Havre. Documents relatifs à la famille Riquetti de Mirabeau. (Nouv. acq. fr. 5261 et 5262.)

Quinet (Mme Edgar). Papiers de son mari.

Raffet (M.), bibliothécaire au Département des Estampes. Le Tripartit de Gerson. Traité des passions. Recueils de pièces sur les règnes de Louis XIII et de Louis XIV, venu de M. Monmerqué. Documents sur Diderot.

Ramé (M. le conseiller A.). Pièces sur la famille Du Guesclin. — La veuve de M. Ramé a donné, en 1891, un millier d'estampages d'inscriptions recueillies par son mari. (Nouv. acq. lat. 2569.)

Riant (Le comte Paul). Aveux rendus au comte de Savoie en 1329 et 1352.

Richard (M. Alfred). Fragments d'un registre des enquêteurs de saint Louis.

Ridder (M. et Mme de). Plans de la terre de Bonnelles. Inventaire des titres du duché de La Vallière.

Robert (M. Ulysse). Copie de documents sur la Franche-Comté. Photographie d'une partie d'un manuscrit de Glasgow.

Roche (M. Casimir). Deux lettres de Champollion le jeune.

Roulet (M.). Voyage de Concilius Maxos par P. Verdier d'Avallon.

Sandret (M.). Catalogue des manuscrits de la marquise de Vielbourg.

Schœlcher (M. le sénateur V.). Documents sur les colonies et l'esclavage.

Sommervogel (Le R. P. Ch.). Lettres adressées au marquis de Caumont par l'abbé de Rothelin et le président Bouhier. Copie de pièces du règne de Louis XIV, venue de Ch. de Henaut.

Soulice (M. L.), bibliothécaire de Pau. Papiers du comte Théodore de Lameth.

Tallon (M. Marius). Fragment sur les Camisards.

Taschereau (Les héritiers de M.). Documents relatifs à la Touraine.

Templier (M.), libraire. Roman de Florence de Rome.

Tourneux (M. Maurice). Copie des lettres de Grimm à la landgrave de Saxe.

Trubner (M.), libraire à Strasbourg. Dernière partie des Grandes chroniques de France.

Veuclin (M.), de Bernay. Inventaire des titres de la corporation des mouleurs de bois de Paris.

Viglas (M.). Tablettes de cire trouvées à Beauvais.

Villefosse (M. Ant. Héron de). Titres de la seigneurie de Cadenet en Provence.

Wailly (M. Natalis de). Copie ou collation de mss. du Ménestrel de Reims. Collation des plaits de l'échevinage de Reims.

Zryd (M.). Copie de chartes relatives aux emprunts des croisés.

J'ai laissé en dehors de cette liste deux donations d'une importance exceptionnelle : celle de Mme la comtesse de Bastard d'Estang et celle de M. le duc de La Trémoïlle. Les catalogues spéciaux qui en ont été publiés en 1885 et en 1889 ont permis d'en apprécier la valeur.

Une libéralité d'un caractère particulier ne saurait être omise dans cette préface. Je veux parler des dispositions prises par feu M. le duc d'Otrante. En vertu du testament qu'il avait fait le 11 septembre 1857, la Bibliothèque nationale a recueilli, outre une collection d'ouvrages de bibliographie, une rente annuelle de 4,000 francs, dont nous avons touché les arrérages depuis 1875 jusqu'en 1887. Le capital en a été aliéné en 1887, après autorisation accordée sur avis du Conseil d'État, pour contribuer au rachat des manuscrits des bibliothèques françaises qui étaient passés en Angleterre avec les collections de Libri et de Barrois.

Les arrérages perçus avant l'aliénation, pendant treize années, avaient grandement profité à la Bibliothèque nationale. Ils nous avaient fourni le moyen d'indemniser la ville de Cluni pour l'abandon qu'elle nous a fait en 1881 de la jouissance des derniers débris de la collection des chartes et des manuscrits du monastère de Cluni. En outre, ils nous avaient procuré les fonds nécessaires pour faire entrer nombre d'articles très intéressants dans chacun de nos quatre Départements[1].

1. J'ai donné dans les Mélanges de paléographie et de bibliographie, p. x et xi, la liste des objets acquis de 1875 à 1880 sur les revenus de la fondation d'Otrante. Il convient d'y ajouter les articles suivants achetés depuis 1880 :

Barbatia (Andreas). Repetitio rubrice de fide instrumentorum. Toulouse, 1476. In-4°.

Breviarium Insulense. Paris, 1533. 2 vol. in-8°.

Breviarium Ultrajectense. Ancienne édition néerlandaise. In-8°.

Chasseneuz (Bart.). Super consuetud. Burgundie. Lyon, 1535. In-folio.

Çumarraga. Doctrina breve. Mexico, 1543. In-4°.

Maraviles (Les) de Romme. Rome, 1519. In-8°.

Pucelle (Le livre de la), imprimé à Rouen pour Martin Le Mesgissier, s. d. In-12.

C'est aussi sur la fondation d'Otrante qu'a été prise l'indemnité allouée en 1886 à la ville de Valognes pour la dédommager de l'abandon de jouissance d'un lot de 80 volumes ou recueils d'anciennes impressions.

Réintégrations.

Nous commençons à bien nous éloigner du temps où d'incroyables dilapidations furent commises dans les séries les plus précieuses du Département des Manuscrits par ces soi-disant amateurs qu'un de mes prédécesseurs a stigmatisés en dénonçant au mépris public les coupeurs d'autographes pires, disait-il, que les coupeurs de bourses. Mais nous avons toujours, mes collègues et moi, présents à l'esprit le souvenir de nos pertes et le signalement des pièces qui nous ont été si misérablement dérobées. Nos regrets ne sont pas toujours stériles. Le livre que MM. Bordier et Lalanne ont publié en 1851, sous le titre de Dictionnaire de pièces autographes volées aux bibliothèques publiques de la France, et qui a conservé sa valeur, fournit, même aux personnes étrangères à la Bibliothèque, le moyen de distinguer beaucoup de documents enlevés de nos volumes et les détermine parfois à faire des restitutions dont nous leur gardons une vive reconnaissance. Entre autres pièces dont nous sommes ainsi rentrés en possession, le plus souvent par l'entremise obligeante de M. Étienne Charavay, on peut citer les lettres suivantes :

Dans la correspondance de Baluze :

Minutes de lettres de Baluze à J.-C. Culpis, à Jac. Henning et au cardinal de Noris.
Billet de Colbert à Baluze; 16 août 1669.
Lettres de J. Ge. Grævius; 14 janvier 1694.
— de Mabillon; 9 octobre 1685.

Dans la correspondance des Bénédictins :

Lettres de d'Aguesseau à dom Thierri Ruinart; 13 juin 1709.
— du président Bouhier à dom Martène; 15 janvier 1718.
— de dom Coustant au même; 9 juillet 1701.
Billet de Huet à Mabillon, avec des notes de Mabillon.
Lettres de Mme de La Vallière à Mabillon ; 3 juillet.
— de Mabillon à dom Gabriel Flambart; 5 octobre 1682.

— de Magliabechi à Mabillon; 10 avril 1691.
— de dom Martène au même; 23 novembre 1705.
— de Bernard de Montfaucon au même; 14 septembre 1700.
— du cardinal de Noris au même; 8 janvier 1686.
— de Rollin au même; 5 juin 1695.
— de Vyon d'Hérouval au même; s. d.

Dans la correspondance de l'abbé Bignon :

Lettres de J. Fabricius; 16 août 1719.
— de J. Godefroy; 10 mars 1732.
— de Louis Legendre; 24 septembre 1726.
— de Paul Lucas; 24 avril 1724.

Dans la correspondance d'Ismaël Boulliau :

Lettres de Gassendi; 5 avril 1639.
— de J. G. Grævius; 25 juillet 1679.
— de Nicolas Heinsius; 17 avril 1659.

Dans la correspondance de Colbert :

Lettres de la duchesse d'Aiguillon; s. d.
— de la duchesse douairière d'Angoulême; novembre 1664.
— de de Baas; 13 novembre 1676.
— de frère Léon Bacoue; s. d.
— de Baluze; 4 mars 1681.
— de Mme de Chasans; 27 mai 1673.
— de la duchesse de Chaulnes; 26 août 1671.
— de Mme Chemerault; juin 1665.
— du prince de Conti; 23 décembre 1662 et sans date.
— de Desjardins, de Bordeaux; 18 décembre 1665.
— de Mme Fontanier, mère de Pellisson; avril 1663, 14 juillet 1664 et 21 juin 1666.
— de Girardon; 2 janvier 1669.
— de Denys Godefroy; 27 septembre 1666.
— du duc de Gramont; 26 juin.
— de de Grasse; [mai 1665].
— du cardinal de Hesse; 15 mai 1665.
— de Mme de La Fare.

— de Françoise de Lorraine, abbesse de Montmartre; 22 janvier [1671].
— de Marguerite de Lorraine, duchesse d'Orléans; octobre 1670.
— du cardinal Mancini; 1er octobre 1662.
— de Marie Mancini; 9 juin et 2 décembre 1664.
— de Menard, ci-devant maire de Tours; 17 décembre 1665.
— de Mezeray; 16 mars 1672.
— de Molé [Sainte-Croix]; [novembre 1662].
— de Monchy, prêtre de l'Oratoire; 3 décembre 1666.
— du duc de Montausier; 16 novembre 1665.
— de la duchesse de Montpensier; 23 mai et 28 octobre 1664.
— du duc de Nevers; 18 août 1666 et 2 août 1669.
— de Puget; 15 février 1668.
— du cardinal de Rets; 23 mai 1672.
— du duc de Rois; 9 avril 1669.
— de Denis Talon; 15 décembre 1665.
— de Turenne; 17 août 1663.
— du duc de Villars; 22 septembre 1661.
— d'Isaac Vossius; 13 février 1669.

Dans les correspondances de la Collection Dupuy :

Lettres de Théodore de Bèze; 4 mai 1573 et 30 mars 1574.
— de Jean Camus, évêque de Séez, à de Thou.
— d'Isaac Casaubon à de Thou; 25 octobre et 11 décembre 1611 et 1er février 1612.
— de l'amiral Ph. de Chabot au cardinal du Bellay; 5 novembre 1535.
— de Chifflet, de Bruxelles, à Dupuy; 2 juin 1632.
— de Coqueley à Pithou; 28 août 1596.
— de Jac. Corbinelli à Dupuy; 15 novembre 1586.
— de Cujas à Pithou; 17 avril 1566.
— de Ch. Delorme à Dupuy; 10 octobre 1612.
— de J. Diodati à Dupuy; 12 décembre 1623.
— de Du Bartas à Dupuy; 21 février.
— du cardinal Du Perron à Dupuy.
— de Ph. Du Plessis-Mornay à de Thou; 16 novembre 1597.

— de Ja. Gillot à de Thou ; 16 mars 1594.
— de Hugo Grotius à de Thou ; 11 août 1633.
— de L. de Hallewin à Louis XII.
— de Dan. Heinsius à Dupuy ; 14 mai 1631 et 26 septembre 1633.
— de Nic. Heinsius à Dupuy ; 24 novembre 1648 et 5 janvier 1649.
— de Nic. Le Fèvre à Dupuy ; 25 juin 1604.
— de Michel de L'Hospital à sa fille ; 25 août 1572.
— de Lingelshem à Dupuy ; 12/2 mars 1616.
— de Juste Lipse à de Thou ; 7 novembre 1600 et 27 août 1602.
— de Montchal à Dupuy ; 7 octobre 1624.
— d'Anne de Montmorency à l'évêque d'Auxerre ; 24 septembre [1531].
— de Peiresc à Dupuy ; 18 juillet 1627 et 27 juin 1630.
— d'Ant. Possevin ; 18 juillet et 20 décembre 1620.
— de Nic. Rigault à de Thou ; 20 septembre 1621.
— de Rubens à Dupuy ; 4 juin et 25 novembre 1627.
— de Cl. Saumaise à Dupuy ; 18 juin 1635 et 3 mai 1637.
— du même à de Thou ; s. d.
— de J. Séguier à Dupuy ; 8 juillet 1608.
— de J.-Aug. de Thou à Pithou ; 1er septembre 1593 ; — au même ; s. d. (« Depuis que je suis ici... ») ; — à Casaubon ; 25 août 1612 ; — à Gillot ; 17 janvier 1616.
— de F.-A. de Thou à Dupuy ; 3 septembre 1639.

Dans la correspondance de Peiresc :

Lettres du cardinal Barberino ; 6 septembre 1636.
— d'Athanase Kircher ; 6 septembre 1633.
— de Malherbe ; 17 mai et 10 août 1615, 12 novembre 1621.
— du P. Marsenne ; 15 septembre 1635.
— de César Nostradame ; 26 avril 1629.
— de H. Escoubleau de Sourdis ; 3 novembre 1636.
— de F.-A. de Thou ; 27 février 1627.

Dans diverses correspondances :

Lettres du maréchal de Biron à Henri IV ; 29 mai 1595.

— de Boileau à Racine; 7 octobre 1692 et 6 juin 1693.
— de Henri de Bourbon, prince de Condé, à la reine; 23 août 1614.
— de Bussy-Rabutin au P. Bouhours; 3 mars 1693.
— de Louise-Françoise de Bussy-Rabutin au même; s. d.
— d'André Du Chesne à Roger, prévôt de l'échevinage de Reims, 28 décembre 1628.
— de Galland à Nicaise; 6 février 1693.
— de J. G. Græviu à Claude Nicaise; 20 juin 1688.
— de Nicolas Heinsius à Philibert de La Mare; 30 juillet 1656.
— de Henri, duc d'Anjou (depuis le roi Henri III), à Villeroy.
— de la comtesse de La Fayette à Mme de Sablé.
— de La Rochefoucauld à Mlle d'Aumale; Verteuil, 4 décembre.
— de La Rochefoucauld à la marquise de Sablé, avec deux pages de maximes.
— de Malherbe à M. du Bouillon; 1er décembre 1614, 13 août 1615 et 22 décembre 1622.
— du même, sur la mort de son fils; 2 janvier 1628 (minute).
— de Marguerite, première femme de Henri IV, à la reine mère.
— de N. de Neufville, seigneur de Villeroy, à M. d'Haultefort; 26 juin 1582.
— de Pithou au premier président; 7 août 1655.
— de Jean Racine à son fils; 31 août 1698 et 30 janvier 1699.
— de Jean Racine à Boileau; 28 septembre 1694.
— de Scévole et Louis de Sainte-Marthe à Camusat; 16 mai 1646.
— de F.-A. de Thou, avec une réponse d'Effiat de Cinq-Mars, tracée au crayon.

La première des lettres de Racine mentionnées quelques lignes plus haut[1], celle du 31 août 1698, donne lieu à une

1. Elle forme les feuillets 240 *bis* et *ter* du ms. français 12886.

observation qu'il n'est pas inutile de consigner ici. Elle se termine par les mots : *Adieu, je vous embrasse*, et par la signature RACINE. Comme aucune des cinquante-quatre autres lettres de Racine à son fils que possède la Bibliothèque nationale n'est signée, et comme il est établi que, de nos jours, on a fabriqué de fausses lettres de Racine portant des signatures[1], on pourrait se demander si la lettre du 31 août 1698 n'est point l'œuvre d'un faussaire qui aurait copié le texte dans l'édition de 1807 en imitant l'écriture de Racine et en ajoutant une signature, genre de fraude dont plus d'un exemple a été signalé. Cette hypothèse m'a paru inadmissible. En effet, la lettre que nous examinons a été écrite en deux fois; la première partie porte en tête la date : « à Paris, le 31 septembre (*sic*), » et la seconde : « 1er septembre, 5 heures du matin. » Louis Racine, dans l'édition de 1747[2], n'en a donné que le commencement et la fin, avec une date unique : « le 31 septembre. » Le texte complet a été donné dans l'édition de 1807[3], avec deux dates : « le 31 août » et « premier septembre, » sans que l'éditeur ait jugé à propos d'avertir qu'il substituait le mot *août* au mot *septembre*. La date du 31 septembre ne serait pas venue sous la plume du faussaire s'il avait eu pour modèle le texte de l'édition de 1807[4]. D'ailleurs, la lettre dont il s'agit a été écrite sur une demi-feuille de papier identique à celui dont une feuille entière fut employée par Racine pour écrire une lettre du 1er août 1698[5] : on peut s'en assurer en comparant les pontuseaux et surtout le filigrane, dans la composition duquel entre un écu chargé d'un chevron accompagné de trois besans. Je crois donc

1. Lalanne et Bordier, Dictionn. de pièces autographes volées, p. 233.
2. T. II, p. 373.
3. T. VII, p. 471.
4. Je ne discute pas l'hypothèse assez improbable qu'un faussaire ait fabriqué la lettre en prenant pour modèle un véritable original, ce qui est cependant arrivé plus d'une fois.
5. Ms. français 12886, fol. 233 et 234.

que la lettre du 31 août 1698 est un original authentique; mais il est bien possible que les mots de la fin : *Adieu, je vous embrasse*, et la signature RACINE, aient été frauduleusement ajoutés après le vol de la pièce, parce que l'addition d'une signature en facilitait la vente à des conditions plus avantageuses : les amateurs s'attachaient alors de préférence aux lettres signées, et, pour mieux les satisfaire, les fabricants de faux autographes ne manquaient pas d'apposer le nom de RACINE au bas des lettres qu'ils contrefaisaient[1]. Aujourd'hui la critique a fait des progrès : l'examen des véritables originaux a démontré que Racine ne signait pas ses lettres d'intimité, et l'on peut dire que cette habitude était érigée en principe dans sa famille : le 4 octobre 1692, il adressait à son fils cette recommandation : « Quand « vous m'écrirez, vous pouvez vous dispenser de toutes ces « cérémonies de *Votre très humble serviteur*. Je connois « même assez votre écriture sans que vous soyez obligé de « mettre votre nom[2]. »

J'ai insisté sur ces particularités, qui prouvent combien il importe, dans un dépôt public, de tenir note de l'origine des documents et des vicissitudes par lesquelles ils ont passé. Les pièces possédées depuis longtemps par les grandes bibliothèques l'emporteront toujours en valeur et en autorité sur celles qui, mises en circulation depuis une cinquantaine d'années, ont pu être fabriquées ou arrangées par les faussaires contemporains. On vient d'avoir une nouvelle occasion d'en faire l'expérience sur une lettre de Racine, du 4 mai 1695, dont il existe deux prétendus exemplaires ori-

1. Pour les neuf lettres de Racine qui, dans l'édition de M. Mesnard, portent les nos 80, 95, 102, 103, 105, 110, 121, 128 et 132, il existe à la fois : 1° à la Bibliothèque nationale, par suite de la donation de Louis Racine, des originaux non signés; — 2° dans différents cabinets, de prétendus originaux signés, qu'il y a tout lieu de suspecter. Voyez les observations de M. Mesnard, dans le tome VII de son édition des Œuvres de Racine, p. 58, 64, 78, 105, 130, 138, 444 et 445.

2. Œuvres de J. Racine, éd. Mesnard, VII, 62.

ginaux, l'un conservé depuis 1756 à la Bibliothèque nationale[1], l'autre acquis en 1856 par le Musée britannique. M. Mesnard[2] avait déjà supposé que la pièce de Londres était une contrefaçon. L'hypothèse s'est changée en certitude le jour où la publication d'un bon fac-similé par M. le comte de Marsy[3] a permis de confronter les deux exemplaires. La comparaison a fait nettement ressortir de nombreux indices de fausseté.

Sur l'original, la date est indiquée par les mots : *le 4e may;* sur le faux : *le 4 may 1695, 4* au lieu de *4e*, ce qui est moins dans les habitudes de Racine, et mention du millésime, que Racine se dispensait généralement d'indiquer.

Sur l'original se trouve deux fois le nom de *M. des Granges,* qui est deux fois écrit *M. Desgranges* sur le faux.

L'original porte deux fois le mot *envoyeroit,* qui deux fois est écrit *enverroit* sur le faux.

A la ligne 12 de l'original, on remarque les mots *d'vne... et vn,* lesquels sont figurés *d'une... et un* sur le faux.

Le mot *païs,* à la ligne 19 de l'original, est devenu *pays* sur l'autre exemplaire.

L'original ne porte point de signature; mais le faussaire n'a pas manqué d'ajouter au bas de la lettre la signature RACINE.

On voudra bien me pardonner la digression à laquelle m'a conduit l'examen d'une des lettres qui nous ont été restituées.

Ce ne sont pas seulement des lettres isolées que nous pouvons rétablir à leur ancienne place dans nos collections. Nous avons éprouvé, depuis une quinzaine d'années, la

1. Ms. français 12886, fol. 141.
2. Œuvres de J. Racine, VII, 137.
3. Racine à Compiègne. Note lue à la Société historique de Compiègne. (Extr. du tome IV du Bulletin de la Société historique de Compiègne.) — M. le comte de Marsy a reconnu la fausseté de la lettre du Musée britannique dans une seconde note intitulée : Racine à Compiègne. 1695. Note additionnelle. In-8° de 4 pages.

satisfaction de voir revenir chez nous un certain nombre de volumes ou de portions de volumes dont l'absence avait fait le désespoir de nos prédécesseurs. Sans parler de ce qui a été recouvré en 1888 dans le fonds de Libri, et surtout dans celui de Barrois, on peut rappeler ici les circonstances dans lesquelles la Bibliothèque nationale a reconquis des morceaux dont elle déplorait l'éloignement depuis plus ou moins longtemps.

Nous avons encore des débris considérables de la librairie que Charles V avait installée avec tant de soin dans une tour du Louvre et que nous considérons à bon droit comme le premier noyau de nos collections. Les volumes qui en ont été détachés ne sauraient nous être indifférents. Aussi avons-nous salué comme de très heureux événements l'achat d'un volume[1] qui figurait sur tous les inventaires de la librairie du Louvre, et la restitution que M. Henri Brisson, quand il était président de la Chambre des députés, ordonna de faire à la Bibliothèque nationale d'un manuscrit des Fleurs des chroniques de Bernard Gui, en français, lequel, sorti de la librairie royale à la fin du règne de Charles VI, était arrivé, après beaucoup de vicissitudes, dans la bibliothèque du Palais-Bourbon. Ce volume, dont le prix est doublé par l'addition d'une note autographe de Charles V, a retrouvé sa place dans nos collections sous le n° 1409 du fonds français des Nouvelles acquisitions.

Un événement plus heureux encore a fait disparaître les mutilations qui, depuis 170 ans, déshonoraient quatre de nos plus beaux manuscrits. Un échange conclu en 1878 avec le Musée britannique nous a remis en possession des feuillets que Jean Aymon avait enlevés en 1706 ou 1707 dans la seconde bible de Charles le Chauve (n° 2 du fonds latin), dans une bible du XIe siècle (n° 93 du fonds latin), dans la

1. Le Légilogue et autres traités de dévotion; ms. français 4338 des Nouvelles acquisitions; voyez plus loin, p. 360.

bible de Louis XI (n° 25 du fonds latin), et dans un manuscrit grec orné de peintures (n° 224 du fonds grec). Les conditions de l'échange sont énoncées dans un mémoire que j'eus l'honneur d'adresser au Conseil des trustees du Musée le 15 novembre 1877 et qui a été publié[1]. L'accueil fait à mes propositions a resserré les liens qui unissent entre elles les deux grandes bibliothèques de l'Angleterre et de la France, et nous associons l'administration du Musée britannique au souvenir reconnaissant que nous conservons à lord Oxford depuis le 18 février 1729, jour où il nous renvoya trente feuillets coupés par le même Jean Aymon dans le ms. grec et latin des épîtres de saint Paul, en onciales du VIe siècle (n° 107 du fonds grec).

L'Université de Bâle n'a pas été moins libérale que le Musée britannique. Elle nous a très généreusement donné, en 1881, le moyen de compléter le plus ancien manuscrit qui nous ait transmis le texte des Annales de Georges Cedrenus, volume copié au XIVe siècle, que François Ier fit mettre dans sa bibliothèque de Fontainebleau et qui forme aujourd'hui le n° 1713 du fonds grec. Ce manuscrit, dont les éditeurs de Cedrenus ont tiré grand parti, présente un assez grand nombre de lacunes.

Le regretté professeur Studemund, dans un de ses derniers voyages à Paris, m'avait signalé plusieurs feuillets d'un manuscrit de Cedrenus qui lui avaient été communiqués par M. le docteur Louis Sieber, bibliothécaire de l'Université de Bâle, et qui lui avaient paru avoir primitivement fait partie de notre manuscrit 1713. Je soumis cette observation à M. le docteur Sieber, qui m'avait, à différentes reprises, donné des preuves de sa grande érudition et de son exquise courtoisie. Il s'empressa de me fournir un moyen de vérifier l'exactitude de la conjecture de M. Studemund en m'informant que le dernier des fragments de Georges Cedrenus con-

1. Dans mes Mélanges de paléographie et de bibliographie, p. 352.

servés à Bâle correspondait aux pages 454-456 du tome I de l'édition publiée à Bonn. Or, l'une des lacunes que nous déplorons dans notre manuscrit 1713 se trouve après le feuillet 94, et le feuillet 95 commence par les mots ἐπάξιον εἰκότως κομίζεται τὴν ἐκδορὰν, qui dans l'édition de Bonn se lisent au tome I, page 456, ligne 13. Je fis photographier le recto de ce feuillet 95 et j'en adressai une épreuve à M. Sieber sans avoir même besoin de lui faire observer que l'hypothèse de M. Studemund serait pleinement justifiée si l'écriture des fragments de Bâle était identique à celle du fac-similé et si le dernier desdits fragments se terminait par les mots καὶ ὑπὲρ τούτου μισθὸν. Deux jours après l'envoi de la photographie, je recevais une lettre dans laquelle M. Sieber s'exprimait ainsi : « Je m'empresse de vous dire que la connexité « entre votre manuscrit 1713 et nos fragments de Cedrenus « me paraît indubitable. Le feuillet 95 reproduit dans la « photographie et commençant par les mots ἐπάξιον εἰκότως « s'ajuste exactement avec les derniers mots ὑπὲρ τούτου μισθὸν « de notre dernier fragment, et il est incontestable que nos « fragments ont été écrits par la même main que votre « manuscrit 1713. »

Prévoyant que l'hypothèse de M. Studemund serait vérifiée, j'avais proposé de conclure un échange avec la bibliothèque de l'Université de Bâle pour réunir à notre manuscrit les feuillets qui en avaient primitivement fait partie et qui avaient déjà disparu quand il devint la propriété de François Ier et qu'il reçut sa splendide reliure ornée des armes de France, de fleurs de lis, de grandes F couronnées et de salamandres. A ma proposition, le Conseil d'administration de la bibliothèque de Bâle a gracieusement répondu en autorisant M. le docteur Sieber à remettre purement et simplement à la Bibliothèque nationale les quatorze feuillets qui devaient remplir plusieurs lacunes dans le manuscrit de François Ier et dont a été formé le n° 1713 A du fonds grec.

En m'annonçant une décision qui fait tant d'honneur aux

sentiments libéraux des administrateurs de la bibliothèque de Bâle et qui a vivement touché la Bibliothèque nationale, M. le docteur Sieber a bien voulu me renseigner sur les circonstances qui avaient amené à Bâle les fragments des Annales de Cedrenus. Les quatorze feuillets dont il s'agit et dont six ont été mutilés furent trouvés, il y a peu d'années, par M. Sieber à la fin d'un gros manuscrit qui renferme les œuvres de saint Jean Chrysostome en grec et qui porte à la bibliothèque de Bâle la cote B. II. 15. Ce manuscrit est un des volumes qui furent apportés à Bâle et légués au couvent des Dominicains de cette ville par Jean de Raguse, mort en 1443. Mais il y avait des lacunes dans le manuscrit de saint Jean Chrysostome; pour les combler et pour se procurer le parchemin nécessaire à la copie des suppléments, on se mit à racler quelques feuillets d'un manuscrit de Georges Cedrenus, sans doute déjà incomplet, qu'on avait sous la main et qu'on jugeait inutile de laisser subsister. Telle est l'origine de deux feuilles palimpsestes du manuscrit de saint Jean Chrysostome déposé à Bâle; M. Sieber a constaté que, sur ces deux feuilles, le texte de saint Jean Chrysostome a été superposé à deux morceaux de Georges Cedrenus, l'un correspondant au passage qui se trouve dans le tome I de l'édition de Bonn, de la page 197, ligne 16, à la page 199, ligne 16, l'autre dans le même volume, de la page 208, ligne 6, à la page 210, ligne 9. Il n'est pas douteux que les quatorze feuillets de Cedrenus retrouvés par M. Sieber ne fussent pareillement destinés à recevoir la copie de morceaux de saint Jean Chrysostome après avoir été préalablement raclés et passés à la pierre ponce.

Quoi qu'il en soit, il paraît certain que notre manuscrit de Cedrenus est arrivé d'Orient en même temps que le manuscrit de saint Jean Chrysostome conservé à Bâle. Celui-ci fut légué au plus tard en 1443 aux Dominicains de Bâle par le cardinal Jean de Raguse, que les Pères du concile de Bâle avaient député à Constantinople en 1433 avec des instructions dont l'un des articles portait : *Date operam perquirendi libros auctorum græcorum antiquorum.* Le manuscrit des Annales de Georges Cedrenus fut sans doute l'un des livres grecs que Jean de Raguse rapporta de Constantinople et qu'il légua vers l'année 1443 aux Dominicains de Bâle[1]. Ce manuscrit n'étant point complet, on ne se fit pas scrupule d'en prendre plusieurs feuillets pour avoir le moyen de combler quelques lacunes dans un manuscrit de saint Jean Chrysostome auquel on attachait plus d'importance.

Heureusement, les restaurateurs du texte de saint Jean Chrysostome n'eurent pas à employer la meilleure partie du texte de Cedrenus : ce qu'ils avaient laissé de côté formait encore un très respectable volume, dont la valeur n'échappa pas à l'œil perspicace des fondateurs de la bibliothèque de Fontainebleau. L'importance de ce volume s'est encore accrue par l'addition des quatorze feuillets que la France doit à la générosité de l'Université de Bâle[2].

M. le docteur Sieber nous a tout récemment rendu un autre service du même genre. Un jeune étudiant, M. Max Bider, lui avait donné, le 1er juillet 1887, un feuillet d'un ancien manuscrit de Virgile qui servait de couverture à une Civilité d'Érasme imprimée à Strasbourg en 1566. A première vue, il fut frappé de la ressemblance de l'écriture de ce feuillet avec l'un des manuscrits de Virgile que lui avait fait connaître la Paléographie des classiques latins de M. Chatelain. Un examen plus approfondi lui démontra qu'il ne s'était pas trompé et que le feuillet arrivé entre ses mains avait dû jadis appartenir à l'exemplaire de l'Énéide, dont la meilleure partie se trouve à la Bibliothèque nationale sous le n° 7906 du

1. Voyez une notice du docteur W. Ch. Streuber dans le Serapeum du 15 mai 1856, t. XVII, p. 130 et 131.

2. Sur la façon dont la Bibliothèque nationale a essayé de témoigner sa reconnaissance, il faut lire un article du Allgemeinen Schweizer Zeitung, n° 204.

fonds latin et dont la valeur a été signalée depuis longtemps par M. Chatelain[1]. Avec l'assentiment de M. Max Bider, il l'a offert à la Bibliothèque nationale, nous donnant ainsi un nouveau témoignage d'une bienveillance à laquelle il a habitué tant de savants français.

Nous n'avons guère moins été favorisés en Danemark. Au fonds d'anciens manuscrits du prieuré de Saint-Martin-des-Champs, qui nous était arrivé pendant la Révolution, manquait un très curieux manuscrit à peintures du XIIIe siècle, représentant les principales scènes de l'histoire du monastère, avec des légendes en vers latins. Par suite de circonstances encore mal définies, ce volume était échu à la Bibliothèque royale de Copenhague. La description que M. Chr. Bruun en publia en 1878 me fit comprendre quel intérêt il y avait à le rapprocher de ses compagnons et à rentrer en possession d'un remarquable spécimen de l'art parisien au temps de saint Louis. Ce manuscrit nous a été cédé par le gouvernement danois en échange de plusieurs feuillets d'un exemplaire de l'ouvrage de Saxo Grammaticus, découverts à Angers dans une vieille reliure ; il porte aujourd'hui le nº 1359 dans le fonds latin des Nouvelles acquisitions[2].

Un succès analogue nous était réservé en Russie. Le célèbre Psautier en onciales d'argent, connu sous le titre de Psautier de saint Germain, était incomplet du feuillet 67, qu'une main barbare avait lacéré en 1791 dans l'abbaye de Saint-Germain-des-Prés et qui avait été recueilli à la Bibliothèque impériale de Saint-Pétersbourg. Après en avoir payé la rançon par l'abandon d'un fragment de manuscrit slave, nous avons pu le rétablir à sa place dans le manuscrit latin 11947.

1. Sur le ms. 7906 et sur le feuillet que nous avons pu y ajouter, voyez ce qu'a dit M. Émile Chatelain dans sa Paléographie des classiques latins, pl. LXVI, dans les Mélanges Renier, p. 373, et dans la Revue des bibliothèques, I, 14, avril 1891.

2. Voyez mes Mélanges de paléographie, p. 478.

Il serait superflu de rappeler ici par quels moyens la Bibliothèque a recouvré en 1875 un très beau manuscrit italien du Décret de Gratien[1], qui, d'après les instructions du Ministre de l'intérieur, avait été choisi pour elle en 1804 dans les collections du président Bouhier à Troyes, et qui, frauduleusement porté en Angleterre, avait été vendu à Londres en 1873 et remis en vente à Paris en 1874.

Ce n'est malheureusement pas le seul produit des missions confiées à Chardon de La Rochette et au docteur Prunelle qui ait été détourné de sa destination régulière et légale. En 1879 et 1880, on a retrouvé à Lyon, dans les résidus de la bibliothèque du Palais des arts et de la bibliothèque du Lycée, plusieurs manuscrits provenant des cabinets de Nicaise et de Bouhier, que le docteur Prunelle avait négligé de remettre à la Bibliothèque nationale[2]. L'intervention de M. Caillemer, président du Comité d'inspection et d'achats des bibliothèques de Lyon, a eu pour résultat de faire arriver ces précieuses épaves dans nos collections[3].

Deux de nos volumes, appartenant l'un au Chansonnier de Gaignières, l'autre au grand recueil des frères Dupuy, étaient allés s'égarer à la Bibliothèque Mazarine. L'administrateur de ce dépôt a bien voulu se prêter à un arrangement

1. Voyez Bibliothèque de l'École des chartes, année 1875, t. XXXVII, p. 88-101.

2. M. le conseiller Niepce avait signalé dès 1879 l'existence des papiers de Nicaise et de Bouhier déposés au Palais des arts; voyez le volume qu'il a publié en 1879 sous le titre de : les Manuscrits de Lyon (Lyon, s. d., in-8° de xv et 190 p.), p. 164-173. — Sur les mêmes manuscrits, il faut consulter deux publications de M. Caillemer : 1° Comité d'inspection et d'achats des bibliothèques de Lyon. Les manuscrits Bouhier, Nicaise et Peiresc de la bibliothèque du Palais des arts. Lyon, 1880. In-8°. — 2° Lettres de divers savants à l'abbé Claude Nicaise, publiées pour l'Académie des sciences, belles-lettres et arts de Lyon. Lyon, 1885. In-8°.

3. Voyez plus loin, p. 68, 69, 438, 439, 466 et 606, la notice des mss. 1209-1212, 4218, 4219, 4300 et 4368 des Nouvelles acquisitions françaises, et du ms. 291 des Nouvelles acquisitions latines.

qui a permis de combler chez nous une double lacune dans les collections de Gaignières et de Dupuy[1].

Le cabinet de M. Sensier, vendu en 1878[2], renfermait un feuillet de garde portant ces inscriptions :

Ce livre de Maffré, du Breviaire d'amour, est au duc de Nemours, conte de la Marche : JAQUES.

Pour Carlat.

En ce livre a IIc XL feullés et CIIIIxx histoires.

Les dimensions de ce feuillet et les indications bibliographiques consignées dans la note étaient si bien en harmonie avec notre manuscrit français 857 que M. Étienne Charavay a cru devoir signaler aux héritiers de M. Sensier la convenance de nous en faire la remise. Grâce à leur bon vouloir, ce feuillet a été rattaché à la fin du ms. français 857, qui, de cette façon, s'ajoutera désormais aux 68 volumes manuscrits, précédemment reconnus dans nos collections comme ayant appartenu à Jacques d'Armagnac, duc de Nemours.

Le 5 septembre 1878, je trouvai sur ma table un mystérieux paquet, contenant, avec cette simple note : *Restitution après décès*, un magnifique exemplaire du Bestiaire de Guillaume, clerc de Normandie, orné de peintures. C'est celui que Méon avait inventorié sous le n° 632.25 du Supplément français et auquel M. de Wailly avait réservé le n° 14969 dans le nouveau classement.

Cinq ans plus tard, le 6 septembre 1883, un inconnu déposait chez le concierge de la Bibliothèque un autre paquet non moins mystérieux. On y avait enveloppé un livre d'heures dont l'absence avait été constatée en 1848 : celui qui est inscrit sous le n° 1156 B au catalogue du fonds latin. Ce volume, dont les peintures sont très remarquables, a dû être exécuté vers l'année 1430 pour Richard, comte d'Étampes, et pour sa femme Marguerite d'Orléans.

1. Voyez plus loin, p. 130 et 195.

2. Lettres autographes recueillies par feu M. A. Sensier, décrites par Étienne Charavay. Paris, 1878. In-4° de VII et 132 p. avec planches.

Classement d'anciens résidus.

Depuis le milieu du XVIIIe siècle, surtout à l'époque de la Révolution, il est entré à la Bibliothèque nationale de volumineuses collections dans lesquelles, à côté de volumes et de liasses régulièrement constituées, se trouvaient pêle-mêle des documents de genres très variés, dont beaucoup dépourvus de toute valeur. Il en était résulté une masse énorme de papiers et de parchemins dont le débrouillement, commencé à l'époque de la Restauration par les soins de M. Guérard, aux débuts de sa carrière, a été repris et poursuivi sans relâche sous l'administration de M. Hauréau et de ses successeurs. L'opération peut être considérée comme à peu près terminée. Après les revisions successives dont les résidus ont été l'objet, il ne faut guère espérer y rencontrer beaucoup de documents vraiment dignes d'être constitués en volumes et incorporés dans les fonds mis à la disposition du public. Si nous avions un reproche à nous faire, ce serait peut-être d'avoir poussé trop loin le respect de papiers auxquels d'inexplicables hasards ont procuré un asile dans les cartons de la Bibliothèque nationale.

C'est, en effet, du déblaiement de ces résidus que sont venus plusieurs manuscrits dont les fonds nouveaux se sont accrus sans grande utilité pour personne. L'obligation qui nous est imposée de ne rien détruire peut offrir de graves inconvénients; mais les bibliothécaires encourent de lourdes responsabilités quand ils condamnent à la destruction des papiers que les chercheurs des temps à venir auraient pu compulser avec curiosité et peut-être avec profit. Il ne faut pas perdre de vue ces considérations quand on parcourt nos catalogues et qu'on est porté à s'impatienter en y voyant enregistrés des recueils dénués, au moins en apparence et pour le présent, de toute valeur.

Assurément nos devanciers ont fait preuve de plus de

sévérité et de délicatesse pour former les anciens fonds. Mais qui oserait dire que, dans le travail d'épuration, ils n'ont pas dédaigné beaucoup de pièces que nous serions heureux de posséder aujourd'hui?

Transmissions du Département des Imprimés et des ateliers de reliure.

Les nouveaux fonds de manuscrits ont reçu et reçoivent encore des épaves, souvent précieuses, qui leur sont envoyées par le Département des Imprimés. En effet, plusieurs des collections qui sont arrivées en bloc dans ce Département pendant et après la Révolution renfermaient des volumes ou des documents manuscrits qui sont mis de côté au courant des opérations de l'inventaire et qui viennent successivement occuper la place à laquelle ils ont droit au Département des manuscrits.

Il en est de même pour des fragments de papier et de parchemin que des ouvriers soigneux retirent d'anciennes couvertures de livres qu'ils ont à réparer ou à remplacer.

Les vieilles reliures, et parfois aussi les nouvelles, sont des mines dont l'exploration a été trop longtemps négligée, mais qui sont aujourd'hui très attentivement surveillées, et d'où l'on voit sortir des documents imprimés et manuscrits qui, tout mutilés qu'ils sont, présentent souvent plus d'intérêt que de gros volumes arrivés jusqu'à nous dans un parfait état de conservation.

L'attribution au Département des Manuscrits des volumes manuscrits trouvés au Département des Imprimés, comme aussi celle des morceaux manuscrits découverts dans des reliures, ne peut souffrir aucune difficulté; mais le Département des Imprimés doit garder dans toute son intégrité des livres imprimés qui renferment des parties manuscrites. Il y a lieu, cependant, de rattacher par un lien moral ces parties manuscrites au Département des Manuscrits; elles devront figurer un jour sur le catalogue général du Département des Manuscrits, de même que les pièces imprimées conservées dans certaines collections du Département des Manuscrits doivent être portées au catalogue du Département des Imprimés[1]. C'est comme pour poser des pierres d'attente que, dans les pages du présent catalogue, nous avons fait entrer la mention de différents articles que le hasard nous a fait remarquer en parcourant quelques séries de la Réserve du Département des Imprimés.

Cotes des manuscrits latins et français ajoutés au fonds des nouvelles acquisitions. — Importance de ces manuscrits.

Telle est l'origine des volumes dont le catalogue est offert aujourd'hui au public et qui sont enregistrés au Département des Manuscrits sous les cotes suivantes :

Fonds latin des nouv. acq.	189-498.
	1231-1679.

1. Il existe dans les recueils du Département des Manuscrits des milliers de documents imprimés dont le Département des Imprimés ne possède pas l'équivalent. Ce sont souvent des pièces d'une importance exceptionnelle. J'en citerai quelques exemples que le hasard me remet en mémoire :

Les Neuf preux, impression xylographique dont le seul exemplaire connu fait partie de l'Armorial du hérault Berry, ms. français 4985 ;

Anciennes lettres d'indulgences, d'origine espagnole ; dans le vol. 80 du fonds des manuscrits espagnols ;

L'édition originale du premier Catéchisme de Calvin, imprimée à Genève en 1537 ; dans le vol. 940 de la collection Dupuy ;

L'inventaire des peintures trouvées chez Rubens après la mort de cet artiste ; dans le ms. français 18967 ;

L'édition originale de l'Épître de Voltaire au cardinal Quirini, dont M. Bengesco (Voltaire, Bibliographie de ses œuvres, I, 234) n'avait pas rencontré d'exemplaire ; dans les papiers du cardinal Quirini, p. 35-40 du ms. italien 512 ;

Une grande quantité de petites pièces de l'époque révolutionnaire ; dans la collection de papiers qui forme les n°s 2633-2720 du fonds français des Nouv. acq.

Fonds français des nouv. acq. 2128-2344.
2506-2568.
Fonds français des nouv. acq. 993-1499.
3164-4000.
4058-4585.
5001-5260.
5901-5918.
6001-6295.

Un certain nombre de ces manuscrits, je l'ai déjà donné à entendre, sont d'une assez médiocre valeur. J'espère cependant que l'ensemble de la collection ne sera pas trouvé indigne de l'établissement dont elle fait partie. Sans parler des véritables trésors qu'il nous a été donné de recueillir dans les fonds de Silos, de Cluni, de Didot et de Libri, on pourrait citer, parmi les nouvelles recrues du Département des Manuscrits, des centaines de volumes et des milliers de chartes qui fournissent des ressources inespérées pour tous les genres de recherches et dont beaucoup sont des œuvres d'art remarquables.

Le meilleur moyen de justifier cette appréciation, c'est de présenter un tableau sommaire des principaux articles que les récentes acquisitions ont permis d'ajouter à nos vieux fonds dans plusieurs des séries qui intéressent directement la France et qui sont particulièrement chères aux amis de l'histoire et de la littérature nationale. J'ai pris pour exemples la série des cartulaires et celle des œuvres littéraires du moyen âge, en français ou en provençal.

Accroissements de la série des cartulaires.

Les cartulaires sont une des bases les plus solides de tous les travaux auxquels peut donner lieu l'histoire du moyen âge. La Bibliothèque nationale en possède une incomparable collection, dont le noyau a été formé par les bibliothécaires de l'ancien régime, mais qui s'est principalement développée depuis un siècle, grâce d'abord à la décision du ministre de l'intérieur, qui voulait, en 1798, réunir à la Bibliothèque nationale « tous les cartulaires des ci-devant instituts religieux, disséminés alors dans les divers dépôts littéraires, bibliothèques et archives de la République, » grâce ensuite au zèle persévérant des conservateurs du Département des Manuscrits, qui, dans la mesure du possible, ont toujours lutté contre la concurrence des établissements et des amateurs étrangers, pour recueillir les cartulaires sortis depuis plus ou moins longtemps des dépôts d'archives et que les administrations locales n'avaient point moyen de recouvrer[1].

1. Je tiens à faire remarquer ici que la Bibliothèque nationale s'abstient de poursuivre l'acquisition de chartes ou de cartulaires toutes les fois que les archives locales peuvent, par achat ou autrement, s'en assurer la possession. C'est ainsi qu'à la vente du cabinet de M. Mathon, de Beauvais, en 1885, elle s'est uniquement fait adjuger les chartes que les archivistes de l'Oise et de la Seine-Inférieure n'avaient pas l'intention ou le moyen d'acquérir. Plus récemment, elle a acheté un cartulaire de Solignac et une collection de chartes limousines, que l'archiviste de la Haute-Vienne avait déclaré ne pouvoir pas faire entrer dans son dépôt. — Il y a plus. Quand des lots de pièces acquis par nous renferment des documents qui ont manifestement fait partie d'un dépôt public, nous demandons au ministre l'autorisation de les renvoyer dans ce dépôt, sans même réclamer aucune compensation, quand l'acquisition n'a point été onéreuse à la Bibliothèque. C'est ainsi que les archives de Meurthe-et-Moselle ont récemment recouvré une pièce importante du Trésor des chartes de Lorraine, qui s'était trouvée dans une liasse de parchemins achetée par la Bibliothèque nationale et dont le texte vient d'être publié par M. Anatole de Barthélemy dans la Bibliothèque de l'École des chartes, année 1891, t. LII, p. 122.

Il est bon aussi de rappeler ici que la Bibliothèque nationale a toujours recherché le moyen de rétablir à leur place primitive les manuscrits qui étaient indûment sortis de dépôts publics et que diverses circonstances lui avaient permis de recouvrer. Ainsi, moyennant de justes compensations et avec l'approbation ministérielle, elle a restitué :

A la bibliothèque de l'Arsenal, un manuscrit de Thomas de Cantimpré, qui avait été détourné par Libri (voyez plus loin, p. 641);

A la bibliothèque de l'Institut, les cahiers de Léonard de Vinci que Libri s'était appropriés;

A la Bibliothèque de Rouen, trois manuscrits, qui lui avaient été dérobés en 1890 (voyez plus loin, p. 615, 674 et 716).

Ces traditions ne se sont point affaiblies, et, dans la période dont je m'occupe ici, nous avons pu enregistrer l'acquisition d'une vingtaine d'anciens cartulaires, dont plusieurs sont justement célèbres :

Quatre anciens cartulaires de l'abbaye de Cluni. xie-xive siècle. N. a. l. 1497-1499 et 2262.

Recueil des anciens privilèges de l'abbaye de Saint-Denis. xie siècle. N. a. l. 326.

Petit cartulaire de l'abbaye de Solignac. xie siècle. N. a. l. 461.

Cartulaire de l'abbaye d'Obasine. xiie siècle. N. a. l. 1560.

Cartulaire de l'abbaye de Beaulieu en Limousin. xiie siècle. N. a. l. 493.

Cartulaire du prieuré de Saint-Marcel de Chalon. xiie siècle. N. a. l. 496.

Fragment d'un cartulaire de l'abbaye de Redon. xiie siècle. N. a. l. 2208.

Fragment d'un cartulaire du chapitre de Beauvais. xiie siècle. N. a. l. 1656.

Fragment du petit cartulaire de Saint-Vincent de Laon. xiie siècle. N. a. l. 231.

Cartulaire du chapitre de Bourges. xiiie siècle. N. a. l. 1274.

Fragment d'un cartulaire du chapitre d'Évreux. xiiie siècle. N. a. l. 296.

Cartulaire de l'abbaye de Hautmont. xiiie siècle. N. a. l. 1386.

Fragments d'un inventaire analytique des chartes du chapitre de Laon. xiiie siècle. N. a. l. 1646.

Cartulaire de la collégiale de Saint-Vulfran d'Abbeville, rédigé vers l'année 1270 : « Liber niger secundus Sancti Vulfranni. » Volume acquis, ainsi que le suivant, pendant que cette préface était en épreuves, et qui n'est pas encore coté.

Autre cartulaire de la même église, rédigé au xve siècle.

Cartulaire de la confrérie des prêtres de Crépi en Valois. xiiie siècle. N. a. l. 1556.

Cartulaire de l'abbaye de Saint-Pierremont. 1292. N. a. l. 1608.

Cartulaire de l'abbaye de Sainte-Hoïlde au diocèse de Toul. xiiie siècle. N. a. fr. 4168.

Cartulaire de la nation de Picardie à l'université d'Orléans. XIVe siècle. N. a. l. 1610.

Petit cartulaire du chapitre d'Arras. XVe siècle. N. a. fr. 6270.

Cartulaire de la ville de Nice. XVe siècle. N. a. l. 1583.

A défaut des cartulaires originaux, nous incorporons des copies modernes, souvent même faites de nos jours et, pour ainsi dire, sous nos yeux, d'après les textes anciens conservés en France et à l'étranger, soit dans les dépôts publics, soit dans les bibliothèques particulières. On en trouvera dix-sept dans l'inventaire que nous publions aujourd'hui :

Cartulaire du prieuré de Beaumont-le-Roger. N. a. l. 1256.

Cartulaire de la léproserie de Bolleville, au diocèse de Coutances. N. a. fr. 4162. L'original est au Musée britannique.

Cartulaire de l'abbaye de Toussaint de Châlons. N. a. l. 1278.

Fragments d'un cartulaire de Saint-Corneille de Compiègne. N. a. l. 2197.

Cartulaire de l'abbaye de Foucarmont, au diocèse de Rouen. N. a. l. 248.

Cartulaire de l'abbaye de Landevenec. N. a. fr. 2303.

Cartulaire de l'abbaye de La Merci-Dieu en Poitou. N. a. l. 242. L'original a été communiqué par M. Delafouchardière.

Cartulaire de l'abbaye de Montier-en-Der, diocèse de Châlons. N. a. l. 1251 et 1252.

Cartulaire de la seigneurie de Neufchâtel en Franche-Comté. N. a. fr. 3535. L'original appartient à M. le comte de Durfort-Civrac.

Cartulaire de l'abbaye d'Oye, diocèse de Troyes. N. a. l. 1231.

Cartulaire de l'abbaye du Palais en Limousin. N. a. l. 225. L'original est au Musée britannique.

Cartulaire de l'abbaye de Quimperlé. N. a. l. 1427. L'original se trouve au château de Carlton en Angleterre.

Cartulaire de la cathédrale de Rouen. N. a. l. 1363.

Cartulaire de l'abbaye de Saint-Mihiel. N. a. l. 1283.

Cartulaire de l'abbaye du Tréport. N. a. l. 249.

Cartulaire de l'abbaye de la Val-Roi, diocèse de Reims. N. a. l. 1289.

Fragment d'un cartulaire de la Trinité de Vendôme. N. a. l. 1232. L'original est à Cheltenham.

Accroissements de la série des anciens monuments de la littérature française et provençale.

Les manuscrits qui renferment les monuments de l'ancienne littérature française, en vers ou en prose, jouissent d'une vogue peut-être encore plus grande que les cartulaires. Nos ressources ne sont malheureusement en rapport ni avec cette vogue ni avec les moyens dont disposent des concurrents aussi riches que passionnés. Cependant, malgré notre dénuement, nous avons pu ajouter des articles importants aux merveilleuses séries constituées par nos prédécesseurs.

Indépendamment des manuscrits retrouvés dans le fonds Barrois et qui, en bonne justice, ne doivent pas entrer dans le compte de l'accroissement de nos richesses, on peut dresser une liste respectable de textes qui, depuis seize ans, sont venus apporter chez nous un aliment nouveau à la dévorante activité des romanistes.

Psautier latin-français, d'origine anglaise. XIIe siècle. N. a. l. 1670.

Traduction en prose française des premiers livres de la Bible, avec une pièce de vers annonçant que le livre des Juges a été traduit à la requête de maître Richard et de frère Othon[1]. XIIIe siècle. N. a. fr. 1404.

Psautier traduit en vers français en 1312, suivi des cantiques et d'un certain nombre de pièces de liturgie et de dévotion, également traduites en vers[2]. Milieu du XIVe siècle. N. a. fr. 4600.

Deux feuillets d'une bible française qui a appartenu au duc de Berri. N. a. fr. 3431.

1. Voyez les Observations de M. Paul Meyer et de M. Samuel Berger dans la Romania, XVII, 126 et 132, et XIX, 549.

2. Le présent inventaire ne contient pas la description de ce volume qui a été acquis en Angleterre après la date à laquelle j'ai dû m'arrêter.

Le Légiloque et autres traités de dévotion. XIVe siècle. N. a. fr. 4338[1].

Traduction des Décrétales en français. XIIIe siècle. N. a. fr. 5120.

Double exemplaire des Établissements de saint Louis. XIVe siècle. N. a. fr. 4578.

Le Conseil de Pierre de Fontaines. XIIIe siècle. N. a. fr. 4413.

Le Songe du Verger, copié en 1480. N. a. fr. 1048.

Le Grand Coutumier de Jacques d'Ableiges. XVe siècle. N. a. fr. 3555.

Fragments d'un très bel exemplaire des Problèmes d'Aristote, traduits par Évrart de Conti. XVe siècle. N. a. fr. 3371.

Récits d'histoire sainte en béarnais. XVe siècle. N. a. fr. 4131.

Vies de saints en vers français. XIIe siècle. N. a. fr. 4503.

Miracles de Notre-Dame par Gautier de Coinci, XIIIe siècle. N. a. fr. 6295.

Chronique de l'Anonyme de Béthune, suivie de l'Histoire des ducs de Normandie et des rois d'Angleterre. XIIIe siècle. N. a. fr. 6295.

Livre II des Chroniques de Baudouin d'Avesnes. XIIIe siècle. N. a. fr. 5218.

Histoire universelle, depuis la Création jusqu'à la mort de César. Milieu du XIVe siècle. N. a. fr. 3576.

1. Un manuscrit dont le contenu est identique à celui du ms. français 4338 des Nouv. acq. a été mis en vente à Paris le 6 juin 1891 et acquis par monseigneur le duc d'Aumale. L'écriture en est d'une remarquable perfection et rappelle celle des plus beaux manuscrits de Charles V. Malheureusement, il y manque plusieurs feuillets, et la mutilation de la fin du volume ne permet pas de vérifier si le dernier feuillet commençait par les mots *ycy achevrons*, auquel cas il faudrait y reconnaître l'exemplaire royal plutôt que dans notre ms. 4338; voyez à ce sujet Bibliothèque de l'École des chartes, 5e série, t. VI, p. 541.

Une assez notable variante doit être relevée dans le traité des nouvelletés du monde. Le récit de la fondation de la Chartreuse est donné dans le ms. n. a. fr. 4338 (fol. 109) « selonc ce que il fu raconté devant madame la contesse de Saint-Pol...; » à cet endroit le manuscrit de Chantilly porte (fol. 116) : « selonc ce que je oy raconter devant madame la contesse de Saint-Pol... » La même leçon « je oy raconter » se lit au fol. 80 du ms. français 1136 de la Bibliothèque nationale, qui, lui aussi, se compose de la réunion des mêmes traités.

Histoire universelle, d'après Orose, Salluste, Lucain, etc., jusqu'à l'arrivée d'Alaric à Rome. xve siècle. N. a. fr. 3650.

Les Grandes chroniques de France, jusqu'à l'avènement de Charles VI. Fin du xive siècle. N. a. fr. 3372.

Histoire de saint Louis par le sire de Joinville. Ms. de M. Brissart-Binet. N. a. fr. 6273.

Les Fleurs des Chroniques de Bernard Gui, traduites en français, et continuées jusqu'en 1342. Copie faite en 1368 pour le roi Charles V. N. a. fr. 1409.

Chroniques de France depuis Valentinien jusqu'à l'année 1374. N. a. fr. 1396.

Premier livre des Chroniques de Jean Froissart. Exemplaire connu sous la dénomination de manuscrit du château de Mouchy. N. a. fr. 5213.

Relation en vers du Combat des Trente. xve siècle. N. a. fr. 4165.

Double feuillet d'une copie de la Relation des voyages de Marco Polo. xive siècle. N. a. l. 1529, pièce 4.

La Fleur des histoires de la terre d'Orient par Hayton. xve siècle. N. a. fr. 1255.

Double feuillet d'un manuscrit de la chanson de Roland en dialecte lorrain. xiiie siècle. N. a. fr. 5237.

Six feuillets d'un manuscrit du xiiie siècle contenant tout ce qui nous reste du Mainet, poème du xiie siècle consacré à l'enfance de Charlemagne. N. a. fr. 5094.

Fragment d'un manuscrit de Chansons de gestes, contenant des morceaux d'Otinel et d'Aspremont. N. a. fr. 5094.

Fragments d'un manuscrit du xiiie siècle, qui renfermait des poèmes de la Geste d'Aimeri de Narbonne et de Guillaume au court nez : Département des enfans Aimeri, Siège de Barbastre, Guibert d'Andrénas, la Mort Aimeri. N. a. fr. 6298[1].

Berthe aux grands pieds par Adenet le Roi, et Charlemagne par Girard d'Amiens. xive siècle. N. a. fr. 6234.

Dernière partie de Lancelot du Lac, la Quête du Saint-Graal et la mort d'Artus. xiiie siècle. N. a. fr. 1119.

1. Ce manuscrit, composé de 28 feuillets, a été acheté en 1891, après la date à laquelle nous avons dû arrêter notre inventaire. Sur lui, voyez une notice de M. Paul Meyer, dans Romania, juillet 1891, t. XX, p. 509.

Roman des prophéties de Merlin, ou roman de Joseph d'Arimathie, la vie de Merlin et la Quête du Saint-Graal. Copie datée de 1301. N. a. fr. 4166.

La mort du roi Artus, par Gautier Map. XIIIe siècle. N. a. fr. 4380.

Roman de Brut, par Wace. XIVe siècle. N. a. fr. 1415.

Fragments du roman de Giron le Courtois. XIVe siècle. N. a. fr. 5243.

Roman de Beuve de Hantonne. Écriture anglaise du XIVe siècle. N. a. fr. 4532.

Roman de Florence de Rome. XIIIe siècle. N. a. fr. 4192.

Roman du comte d'Anjou, la clé d'amours, la châtelaine de Vergi, etc. XIVe siècle. N. a. fr. 4531.

Lais bretons. XIIIe siècle. N. a. fr. 1104.

Recueil de chansons venu du cabinet de Clairambault. Commencement du XIVe siècle. N. a. fr. 1050.

Roman de Fauvel. XIVe siècle. N. a. fr. 4579.

Fragments d'un exemplaire des poésies d'Eustache des Champs, copié avec luxe au commencement du XVe siècle. N. a. fr. 6235.

Règles de la seconde rhétorique. XVe siècle. N. a. fr. 4237.

Mystère de la Passion. XVe siècle. N. a. fr. 4356.

Fragment d'un autre mystère de la Passion. XVe siècle. N. a. fr. 1445.

Mystère de saint Sébastien. XVe siècle. N. a. fr. 1051.

Mystères provençaux en dialecte du Rouergue. XVe siècle. N. a. fr. 6252.

Coutumes et franchises de Montpellier. XIIIe siècle. N. a. fr. 4337.

Traduction provençale de la vie et des miracles de Jésus-Christ par saint Bonaventure. XIVe siècle. N. a. fr. 6194.

Sorts des saints en provençal. XIIIe siècle. N. a. fr. 4227.

Vies de saints et légendes pieuses, en provençal. XIIIe siècle. N. a. fr. 4505.

Vie de saint Honorat, en provençal. XIVe siècle. N. a. fr. 6195.

Autre exemplaire du même ouvrage ayant appartenu à Raynouard[1]. N. a. fr. 4597.

1. Ce second exemplaire de la Vie de saint Honorat a été acheté après l'impression du présent inventaire.

La fauconnerie de Daude de Prades, en vers provençaux. XIIIe siècle. N. a. fr. 4506.

Poésies provençales : Daurès et Beton, etc. XIVe siècle. N. a. fr. 4232.

Accroissements de la série des manuscrits à peintures.

Dans la plupart des autres séries (écriture sainte, liturgie, Pères de l'Eglise, droit, littérature latine de l'antiquité et du moyen âge, chroniques, correspondances politiques et littéraires), il serait facile de constater des résultats non moins remarquables. Je n'appellerai plus l'attention que sur un seul groupe, celui des manuscrits à peintures. Malgré le prix excessif que les manuscrits de ce genre atteignent aujourd'hui dans certaines ventes, nous avons pu assurer à la Bibliothèque nationale la possession de plusieurs morceaux de premier ordre et ajouter des types très instructifs à une collection qui n'a pas de rivale au monde pour l'étude de la peinture du moyen âge. On en jugera par ces exemples :

Le Pentateuque de Saint-Gatien de Tours, en lettres onciales du VIIe siècle, dont les peintures sont bien connues depuis la publication du docteur Oscar von Gebhardt. N. a. l. 2334.

Les Évangiles, en écriture hiberno-saxonne, du VIIIe siècle. N. a. l. 1587.

Sacramentaire de l'église de Tours. IXe-Xe siècle. N. a. l. 1589.

Évangéliaire de Saint-Maximin de Trèves. X^e-XIe siècle. N. a. l. 1541.

Six manuscrits de l'abbaye de Silos, fournissant d'excellents modèles de la décoration des livres visigothiques au XIe siècle : Leçons des épîtres et des évangiles, n. a. l. 2171 ; — Lectionnaire, n. a. l. 2176 ; — Traités de saint Ephrem, n. a. l. 235 ; — Vies de saints, n. a. l. 2178 et 2179 ; — Étymologies d'Isidore, n. a. l. 1298.

Les Évangiles ; copie exécutée vers le milieu du XIe siècle par les soins de Gérard, abbé de Luxeuil. N. a. l. 2196.

Tableaux de la vie de saint Aubin. XIe siècle. N. a. l. 1390.

Commentaire de Beatus sur l'Apocalypse. Deux exemplaires, l'un de la fin du XIIe siècle (n. a. l. 1366), l'autre du commencement du XIIIe (n. a. l. 2290).

Psautier du commencement du XIIIe siècle, renfermant une suite de peintures à fond d'or qui représentent les scènes de la vie de Notre Seigneur. N. a. l. 1392.

L'Histoire d'Absalon : fragment d'une Bible en images, du XIIIe siècle. N. a. l. 2294.

Vie de saint Denis, en images. Volume exécuté en 1250 dans l'abbaye de Saint-Denis. N. a. fr. 1098.

Histoire de la fondation de Saint-Martin-des-Champs. XIIIe siècle. N. a. l. 1359.

Décret de Gratien : très beau manuscrit du XIVe siècle, exécuté à Bologne. N. a. l. 2508. « Bertholomeus Bertholi de Bononia, » qui a pris part à l'exécution de ce volume, est connu par d'autres travaux. Il a mis son nom à la fin d'un exemplaire de la Divine Comédie qui est à Rome dans la bibliothèque Chigi : « Ego Bartholomeus de Bartolis scripsi[1], » et la bibliothèque de Saint-Florian en Autriche renferme un Office de Notre-Dame copié par Bartolomeo Bartoli[2].

Psautier latin-français du milieu du XIVe siècle. N. a. fr. 4600.

Histoire universelle depuis la Création jusqu'à la mort de César. Volume du milieu du XIVe siècle, orné d'une cinquantaine de miniatures, avec frontispice bordé d'un encadrement tricolore. N. a. fr. 3576.

Légiloque et autres traités de dévotion; manuscrit qui a appartenu au roi Charles V. N. a. fr. 4338.

Chroniques de France; manuscrit de la seconde moitié du XIVe siècle, dont la miniature initiale est encadrée d'une bordure tricolore. N. a. fr. 1396.

Fragments du roman de Giron le Courtois, du XIVe siècle, avec beaucoup de belles et grandes miniatures, qui paraissent d'origine italienne. N. a. fr. 5243.

Fragments d'un exemplaire des Problèmes d'Aristote, orné de jolies grisailles. Commencement du XVe siècle. N. a. fr. 3371.

1. Bradley, Dictionary of miniaturists, vol. I, p. 97.

2. Fr. Carta, Codici corali e libri a stampa miniati della Bibl. naz. di Milano, p. 26.

Térence de l'année 1438, orné de dessins tracés par une main italienne. N. a. l. 458.

Traduction latine d'Arrien, par P. P. Vergerio. Exemplaire du pape Nicolas V. N. a. l. 1302.

Lettres de Phalaris, de Cratès et de Brutus. Exemplaire exécuté vers l'année 1459 pour don Carlos, prince de Viane. N. a. l. 1651.

Traduction italienne des Tusculanes de Cicéron. Milieu du xve siècle[1]. Italien 1703.

Le Corbaccio : copie du xve siècle faite pour le marquis de Santillana. Italien 1702.

Traduction en castillan d'opuscules de Boccace, de saint Basile et de Platon : copie du milieu du xve siècle, dont le frontispice est orné des armes du marquis de Santillana. Espagnol 458.

Vies des Pères en italien : très beau manuscrit de la seconde moitié du xve siècle, dans lequel on a peint à profusion les armes, les emblèmes et les devises des ducs de Milan. Italien 1712.

Observations sur les propriétés de divers produits alimentaires, hygiéniques, etc., avec 206 grands tableaux qui représentent la récolte ou la préparation des produits, l'exercice de diverses industries, etc. Volume exécuté en Italie au xve siècle. N. a. l. 1673.

Feuillet du livre d'heures d'Étienne Chevalier, peint par Jean Foucquet. N. a. l. 1416.

Histoire universelle s'arrêtant à l'entrée d'Alaric dans la ville de Rome; volume orné d'une quinzaine de peintures en grisailles du temps de Louis XI. N. a. fr. 3650.

Traité de la majesté par Juniano Maio, exécuté en 1493 pour le roi de Naples et orné de 26 peintures très délicates, dues au pinceau de Nardo Rabicano, comme on l'apprend des comptes de Simon Casolla[2]. Italien 1711.

1. Ce manuscrit et ceux du fonds italien ou du fonds espagnol qui vont suivre ne figurent pas dans l'inventaire que nous publions et qui est exclusivement consacré à des textes latins ou français. J'ai cru cependant pouvoir les comprendre ici dans le relevé des manuscrits à peintures dont la Bibliothèque s'est enrichie pendant les dernières années.

2. Archivio storico per le prov. napol., X, 22.

Livre d'heures, écrit et peint à l'occasion de la naissance de Marie Ango, à Rouen, en 1514. N. a. l. 392.

Livre d'heures exécuté en 1533 pour Antoine le Bon, duc de Lorraine, et dont les peintures ont été attribuées à François Oudet, peintre et enlumineur, demeurant à Metz en 1537. N. a. l. 302.

Traduction française du Paradis de Dante par François Bergaigne. Deux exemplaires, dédiés l'un à l'amiral Guillaume Gouffier, seigneur de Bonnivet, l'autre au chancelier Antoine du Prat. N. a. fr. 4530 et 4119.

Miniature représentant le château de Bonifacio, en tête d'un manuscrit génois de l'année 1541[1]. N. a. l. 499.

Recueil de prières et de cérémonies, à l'usage du cardinal Georges d'Armagnac, mort en 1585, dont le portrait est peint en tête du volume. N. a. l. 1506.

SECONDE PARTIE.

État actuel du Département des Manuscrits.

Le public auquel s'adresse le présent ouvrage ne me saura pas mauvais gré, je l'espère, de terminer cette préface par des renseignements sur l'état actuel des collections du Département des Manuscrits, sur l'usage qui en est fait, sur les catalogues qui en ont été publiés et sur les ressources mises à la disposition des personnes qui fréquentent la nouvelle salle de travail inaugurée en 1886.

Statistique des collections du Département des Manuscrits.

Les collections du Département des Manuscrits peuvent se diviser en huit grandes séries, dont chacune est composée comme il suit :

1. Ce manuscrit a été acquis en 1891, après la clôture de l'inventaire qui est offert aujourd'hui au public.

I. Fonds orientaux.

Hébreu, 1355 articles[1].
Samaritain, 26.
Syriaque, 298.
Sabéen, 19.
Éthiopien et amharic, 176.
Copte, 144.
Arménien, 316.
Géorgien, 25.
Arabe, 5053.
Persan, 1563.
Turc, 1214.
Hindostani, 42.
Berbère, 17.
Sanscrit (y compris les manuscrits venus d'Eugène Burnouf), 1038. Ce chiffre se décompose de la manière suivante : dévanagari, 529; bengali, 281; cambodgien, 1; grantha, 131; nagram, 43; singhalais, 5; télinga, 48.
Indien, 145.
Tamoul, 559.
Télinga, 60.
Pali, 637.
Siamois, 77.
Birman, 70.
Cambodgien, 99.
Cambodge (Estampages des inscriptions du), envoyés par M. Aymonier, au nombre de 428.
Singhalais, 46.
Tibétain-mongol, 136.
Malais et javanais, 186.
Chinois, 836.
Japonais [non compris les ouvrages insérés dans le fonds chinois], 198.
Madécasse, 10.

1. Les articles comptés dans ce dénombrement sont généralement des volumes, des cartons ou des portefeuilles.

Batta, 15.
Papyrus égyptiens, 235.
Inscriptions des pyramides, 10.
Inscriptions du temple d'Edfou, relevées par M. de Rochemonteix et renfermées dans 54 boîtes de grandes dimensions.
Livres imprimés en Orient, 210.
Traductions, 85.
Papiers de divers orientalistes, 480. Cette collection est ainsi subdivisée : Anquetil-Duperron, 26. Ariel, 59. Botta, 5. Burnouf, 115. Champollion, 88. Deshautesrayes, 2. Dujardin, 3. Fourmont, 44. Hennecart, 18. Langlès, 1. Nestor-L'Hôte, 22. Ochoa, 3. Prisse d'Avesnes, 18. Saint-Martin, 13. Salvolini, 5. Schulz, 6. Silvestre de Sacy, 62. Venture de Paradis, 5.

D'après ce relevé, le fonds des textes orientaux se compose de 23,040 articles[1]. Dans ce nombre, les volumes imprimés en Orient figurent pour 266, les volumes de traductions pour 85 et les papiers d'orientalistes pour 480.

II. Fonds grec.

Il consiste en 4700 volumes ou environ, savoir :

3200 dans l'ancien fonds, sous les cotes 1-3117 (manuscrits entrés à la Bibliothèque avant l'année 1740).

416 dans le fonds Coislin (collection formée pour le chancelier Séguier et arrivée à la Bibliothèque en 1795 ou 1796 avec les manuscrits de Saint-Germain-des-Prés).

1084 dans le Supplément, sous les cotes 1-1100 (manuscrits entrés à la Bibliothèque depuis 1740).

III. Fonds latin.

Il y faut distinguer sept séries :

Première série ou ancien fonds, comprenant 9826 volumes, cotés 1-8822 et arrivés à la Bibliothèque avant l'année 1744.

1. Non comptées les inscriptions relevées par M. Aymonier et par M. de Rochemonteix.

Deuxième série. 2644 volumes, cotés 8823-11503, la plupart entrés à la Bibliothèque depuis 1744 jusqu'en 1862 et classés jusqu'à cette dernière date dans le Supplément latin et dans le fonds des cartulaires.

Troisième série. 2728 volumes, cotés 11504-14231, venus de l'abbaye de Saint-Germain-des-Prés (fonds latin de Saint-Germain, Résidu de Saint-Germain, fonds de Harlay, fonds de Gesvres).

Quatrième série. 944 volumes, cotés 14232-15175, venus de l'abbaye de Saint-Victor.

Cinquième série. 1542 volumes, cotés 15176-16718, venus de la Sorbonne.

Sixième série. 1896 volumes, cotés 16719-18613, qui avaient fait partie, jusqu'en 1868, de vingt-cinq petits fonds particuliers, la plupart arrivés au moment de la Révolution (notamment les fonds suivants : Grands-Augustins, Bouhier, Compiègne, Corbie, Cordeliers, Gaignières, Jacobins, Navarre, Notre-Dame, Oratoire, Saint-Magloire, Saint-Martin-des-Champs). A cette série ont été rattachés 326 volumes acquis ou constitués depuis 1862 jusqu'en 1867.

Septième série, ou fonds latin des Nouvelles acquisitions, comprenant les manuscrits dont le fonds latin s'est accru depuis 1867. Au 15 juillet 1891 on compte 1275 articles inscrits à l'inventaire des nouvelles acquisitions, sous les cotes suivantes :

111-506, petit format.
1143-1680, moyen format.
2074-2346, grand format.
2502-2569, très grand format.

Total des articles du fonds latin : 20,855.

IV. Fonds français.

On y doit distinguer six séries :

Première série ou ancien fonds. 6170 volumes, cotés 1-6170, qui, sauf de rares exceptions, étaient entrés à la Bibliothèque avant le milieu du XVIIIe siècle.

Deuxième série. 9199 volumes, cotés 6171-15369, entrés à

la Bibliothèque depuis le milieu du XVIIIe siècle jusqu'en 1862, et dont la réunion formait ce qu'on appelait le Supplément français.

Troisième série. 4695 volumes, cotés 15370-20064, venus de l'abbaye de Saint-Germain-des-Prés (fonds français de Saint-Germain proprement dit, Résidu de Saint-Germain, fonds de Harlay, fonds de Gesvres).

Quatrième série. 5632 volumes, cotés 20065-25696, qui avaient fait partie jusqu'en 1868 d'une quarantaine de petits fonds (notamment les fonds Bouhier, Dangeau, Nicolas Delamare, Gaignières, La Vallière, chambre syndicale de la Librairie, Missions étrangères, Mortemart, Notre-Dame, Oratoire, Saint-Magloire, Saint-Victor, Serilly, Sorbonne).

Cinquième série, formée, en 1875, de 788 volumes, cotés 25697-26484, dans lesquels on a relié environ 100,250 pièces originales provenant des rebuts de la Chambre des comptes et des collections de dom Villevieille, de Jault et de Blondeau.

Sixième série ou fonds français des nouvelles acquisitions, comprenant les manuscrits dont le fonds français s'est accru depuis 1862. Au 15 juillet 1891 on compte 5195 articles inscrits à l'inventaire des nouvelles acquisitions sous les cotes suivantes :

1-1450, moyen format.
1451-1500, très grand format.
1501-4000, grand format.
4001-4600, petit format.
5001-5261, grand format.
5901-5930, très grand format.
6001-6304, moyen format.

Total des articles du fonds français : 31,679.

V. Fonds en diverses langues modernes, autres que le français.

1. Italien, 2053 manuscrits.
2. Espagnol, 505.
3. Portugais, 112.
4. Allemand, 327.
5. Néerlandais, 113.

6. Anglais, 98.
7. Scandinave, 30.
8. Celte et basque, 105.
9. Slave, 52.
10. Valaque, 4.
11. Albanais, 1.
12. Dialectes africains, 6.
13. Dialectes américains, 73.
14. Mexicain, 15.
15. Dialectes polynésiens, 2.

Total des articles de ce groupe : 3496.

VI. Collections sur l'histoire de diverses provinces.

1. Bourgogne.
   a. Papiers des bénédictins et actes originaux, 111 volumes.
   b. Collection de documents relatifs à la Bourgogne et à la Franche-Comté, formée par le baron de Joursanvault et acquise en 1881 par la Bibliothèque nationale, 212 volumes.
2. Champagne : papiers des bénédictins et actes originaux, 154 volumes.
3. Flandre : documents envoyés à Colbert par Godefroy et divers actes originaux, 195 volumes.
4. Languedoc.
   a. Documents copiés sous la direction de Doat par l'ordre de Colbert, 258 volumes.
   b. Papiers des bénédictins et divers actes originaux, 207 volumes.
5. Lorraine : documents originaux, 1036 volumes.
6. Périgord : papiers de Prunis, de Leydet et de l'abbé Lespine, 114 volumes.
7. Picardie : papiers de D. Grenier et de divers bénédictins, auxquels ont été ajoutés beaucoup de documents originaux, 336 volumes.
8. Touraine, Maine et Anjou : papiers de D. Housseau et de quelques bénédictins, auxquels ont été ajoutées des chartes originales, 40 volumes.
9. Vexin : recueil formé par le président Lévrier, 79 volumes.

VII. Collections diverses.

1. Baluze : travaux de ce savant et documents recueillis par lui, 399 volumes.
2. Boileau (papiers de l'abbé), 21 volumes.
3. Bréquigny (papiers de), 169 volumes.
4. Brienne : collection de copies faites sous la direction de Dupuy pour Loménie de Brienne, 362 volumes.
5. Clairambault : titres scellés, mélanges et divers recueils formés par Clairambault et ayant formé le cabinet des ordres du roi, cabinet dont les débris conservés à la Bibliothèque forment 1348 volumes.
6. Colbert : collection connue sous la dénomination de *les Cinq cents de Colbert*, 466 volumes.
7. Colbert : collection connue sous la dénomination de *Mélanges de Colbert*, 457 volumes ou boîtes.
8. De Camps (papiers de l'abbé) sur l'histoire de France, 127 volumes.
9. Duchesne : papiers d'André et de François Duchesne, auxquels sont joints les recueils d'Oihenart, 119 volumes.
10. Dupuy (collection des frères), 941 volumes.
11. Fontanieu (portefeuilles de), 396 volumes.
12. Joly de Fleury : collection de documents historiques et administratifs, la plupart du XVIIIe siècle, 2556 volumes.
13. Moreau : divers recueils sur l'histoire et l'administration de la France, rassemblés à la chancellerie par les soins de l'historiographe Moreau, 1834 volumes.
14. Parlement : extraits des archives du parlement faits au XVIIe et au XVIIIe siècle, 696 volumes.
15. Picot : documents sur l'administration de l'Inde française au XVIIIe siècle, 123 volumes.
16. Renaudot (papiers d'Eusèbe), 44 volumes.
17. Visconti (papiers de), 35 volumes.

VIII. Cabinet des titres.

Dans les collections connues sous la dénomination de Cabinet des titres, collections dont le caractère, purement généalogique à l'origine, devrait devenir exclusivement historique, il faut distinguer sept divisions principales :

1° Collection de 9739 dossiers, renfermés dans 221 cartons, provenant du cabinet généalogique que Charles d'Hozier céda au roi en 1717. (*Ancien cabinet de d'Hozier.*)

2° Collection de 18,273 dossiers, renfermés dans 342 cartons, contenant des mémoires, notes et documents généalogiques qui avaient été rassemblés au Cabinet des titres dans le cours du XVIIIe siècle. (*Dossiers bleus.*)

3° Collection d'environ 68,500 dossiers, reliés en 3061 volumes et formés en grande partie de pièces originales, dont beaucoup, remontant au XIVe siècle, proviennent des anciennes archives de la Chambre des comptes, dispersées dans le cours du dernier siècle. (*Pièces originales du Cabinet des titres.*)

4° Collection de 4240 dossiers, reliés en 214 volumes, contenant les travaux que Bernard Chérin, Berthier et Louis-Nicolas-Hyacinthe Chérin avaient exécutés au XVIIIe siècle pour l'admission aux honneurs de la cour et aux places de sous-lieutenant dans divers régiments privilégiés et d'aspirant garde de la marine. Cette collection a été léguée à la Bibliothèque en 1830 par Bénigne Chérin-Barbimont. (*Collection Chérin.*)

5° Collection de 7918 dossiers, renfermés dans 165 cartons, provenus de l'acquisition qui fut faite en 1851 du cabinet d'Ambroise-Louis-Marie d'Hozier. (*Nouveau d'Hozier.*)

6° Copies et extraits de documents pouvant servir à l'histoire des familles; cette collection, formée de feuillets de papier in-quarto, a été acquise en 1851 comme la précédente; connue sous le nom de *Carrés de d'Hozier,* elle a été reliée en 652 volumes.

7° Série de volumes divers, se rattachant à des matières généalogiques (recherches de noblesse, armoriaux, preuves, histoires de familles, etc.). Cette série consiste en 1440 volumes, ordinairement appelés *Volumes reliés du Cabinet des titres;* dans ces dernières années, elle s'est accrue de plusieurs recueils, dont le présent inventaire[1] donnera l'indication.

1. Après la clôture de cet inventaire on a ajouté plusieurs manuscrits à la série des volumes reliés du Cabinet des titres, et notamment un

Il y a donc au Cabinet des titres 5367 volumes et 728 cartons. Le nombre des dossiers qui y sont classés dans cinq séries suivant l'ordre alphabétique des noms de familles s'élève à 108,670.

Les chiffres suivants résument le dénombrement qui vient d'être fait :

I.	Fonds orientaux	23,040.
II.	Fonds grec	4,700.
III.	Fonds latin	20,855.
IV.	Fonds français	31,679.
V.	Fonds en diverses langues modernes .	3,496.
VI.	Collections sur l'histoire des provinces .	2,742.
VII.	Collections diverses	10,093.
VIII.	Cabinet des titres	5,367.

Total général : 101,972 articles.

Fréquentation du Département des Manuscrits.

Les services que rend le Département des Manuscrits sont attestés par la plupart des ouvrages d'érudition qui paraissent journellement dans tous les pays de l'Europe. Il est rare qu'une édition critique d'un texte de l'Orient, de l'antiquité classique ou du moyen âge soit publiée sans que l'éditeur ait eu recours aux manuscrits de la Bibliothèque nationale. Bien peu de sujets historiques, en dehors de l'époque contemporaine, sont étudiés à fond et de première main sans que les auteurs aient compulsé les chartes et les correspondances qui remplissent tant de volumes de nos collections, et c'est dans nos manuscrits qu'on étudie avec le plus de sûreté les phases par lesquelles a passé l'art de la peinture depuis la chute de l'empire romain jusqu'à la fin du moyen âge.

recueil de montres militaires, classées chronologiquement, de 1344 à 1607, qui remplissent 33 volumes, cotés 1408-1440; le volume 1407 est consacré à des montres anglaises du xve siècle, et le volume 1406 à des quittances des Suisses.

Aussi les communications qui se font dans la salle du Département des Manuscrits montent-elles chaque année à un chiffre très élevé. Il y en a eu 35,460 en 1889 et 29,319 en 1890, savoir :

Communications des manuscrits	en 1889	en 1890
Des fonds orientaux.	807	532
Du fonds grec.	795	805
Du fonds latin	5,491	5,234
Du fonds français, des fonds en diverses langues modernes et des collections .	19,865	15,898
Du Cabinet des titres	8,502	6,850

Les manuscrits prêtés en dehors de la Bibliothèque, soit à Paris et dans les départements, soit à l'étranger, ne sont pas compris dans ce relevé, non plus que les manuscrits qui sont l'objet de reproductions photographiques[1]. En 1889, 318 volumes ont été mis à la disposition des photographes admis à travailler dans l'atelier de la Bibliothèque ; il y en a eu 178 en 1890.

Catalogues du Département des Manuscrits.

Un dépôt de manuscrits, pour rendre tous les services qu'on

1. Il n'y a point de photographe attaché à la Bibliothèque, et l'administration reste étrangère aux conditions de rémunération du travail. Voici, à titre de renseignement, le tarif de M. Sauvanaud (rue Jacob, 45), l'un des opérateurs le plus fréquemment appelés dans l'atelier de la Bibliothèque.

Plaque de 24 × 30 et au-dessous, quatre épreuves, y compris les deux demandées pour le dépôt à faire à la Bibliothèque nationale, 15 fr.

Plaque de 30 × 40, 20 fr.

Plaques de 50 et de 60 centimètres, 40 et 50 fr.

Quand une commande comprend plusieurs sujets, le prix des plaques est réduit de 5 francs pour celles qui suivent la première.

Le prix des clichés à livrer pour procédé est augmenté de 5 francs quand il s'agit de clichés de 24 × 30; l'augmentation est de 10 francs pour les clichés de dimensions supérieures.

Il y a des conditions spéciales pour les commandes de grande étendue.

est en droit de lui demander, doit être muni, non seulement d'inventaires complets et constamment tenus à jour, mais encore de répertoires répondant aux différents genres de recherches qu'on est amené à y faire.

Énumérer tous les travaux de cette espèce qui, depuis trois siècles, ont été exécutés ou simplement ébauchés et poussés plus ou moins loin au Département des Manuscrits de la Bibliothèque nationale, dépasserait de beaucoup les limites dans lesquelles je dois me renfermer. Il suffira, pour le moment, d'indiquer les catalogues, les listes, les notices et les tables qui ont été publiés et à l'aide desquels on peut, même en dehors de la Bibliothèque, se renseigner sur l'ensemble ou bien sur telle ou telle division du Département des Manuscrits. La liste que j'en ai dressée, et qui n'est certainement pas complète[1], comprendra d'abord les recueils ou travaux généraux, suivant l'ordre chronologique de publication, puis, suivant l'ordre alphabétique des sujets, les catalogues relatifs aux différentes subdivisions du dépôt.

CATALOGUES GÉNÉRAUX

OU COMMUNS A DES MANUSCRITS DE DIFFÉRENTS FONDS[2].

1. Extrait de l'inventaire des manuscrits de la Bibliothèque du roi dressé en 1645 par les frères Dupuy.

P. 269-336 de la Nova Bibliotheca manuscriptorum du P. Labbe (Paris, 1653; in-4°).

2. Abrégé de l'inventaire général des manuscrits de la Bibliothèque du roi dressé en 1682. (Pages 709-917 du t. II de la Bibliotheca bibliothecarum de Montfaucon. — Il existe des concordances entre les numéros de cet inventaire et les cotes actuelles des manuscrits.)

1. J'ai systématiquement omis les inventaires antérieurs au XVIe siècle et beaucoup de notices dont l'énumération m'aurait entraîné trop loin.

2. Une liste d'une partie des catalogues qui vont être énumérés a été publiée en 1889 par M. Pierret dans Le Livre, Revue du monde littéraire, Bibliographie rétrospective (X, 134-160), sous ce titre : Inventaire détaillé des catalogues usuels de la Bibliothèque nationale. La partie relative aux manuscrits y occupe les pages 143-156.

Extrait de l'inventaire publié par Montfaucon, dans le Dictionnaire des manuscrits de l'Encyclopédie de Migne, t. I, col. 720-837.

3. Catalogus codicum manuscriptorum Bibliothecæ regiæ.

Tomus I. Parisiis. 1739. In-fol. de 458 p. plus la table alphabétique. Volume consacré aux manuscrits orientaux. Page 1, hébreux; — p. 50, samaritains; — p. 51, syriaques; — p. 70, coptes; — p. 75, éthiopiens; — p. 76, arméniens; — p. 99, arabes; — p. 269, persans; — p. 305, turcs; — p. 339, traductions; — p. 369, chinois; — p. 432, tartares; — p. 443, siamois; — p. 434, indiens; — p. 449, supplément.

Tomus II. 1740. In-fol. de 626 et XLV p. Volume consacré aux manuscrits grecs.

Tomus III. 1744. In-fol. de 632 p. Volume consacré, comme le suivant, aux manuscrits latins. Il renferme la notice des mss. latins 1-4793.

Tomus IV. 1744. In-fol. de 536 et CXXXVIII p. Volume renfermant la notice des mss. latins 4794-8822, celle des mss. intercalés dans le fonds au cours de l'impression (p. 497-536), et les tables.

4. Notices et extraits des manuscrits de la Bibliothèque du roi (ou bien, comme portent les derniers volumes publiés :) Notices et extraits des manuscrits de la Bibliothèque nationale et autres bibliothèques publiés par l'Institut national de France... Paris, 1787-1891. Tomes I-XXXIII. In-4°. — (A partir du tome XIV, chaque tome est divisé en deux parties; du tome XIV au tome XXIX la première partie de chaque tome est consacrée à la littérature orientale. Le tome XV contient les tables des volumes I-XIV. Un atlas est joint à la seconde partie du tome XVIII. Il n'a encore paru que le premier fascicule de la première partie du tome XXVII. La première partie du tome XXIX est sous presse, et le tome XXX, qui contiendra les tables des tomes XVI-XXIX, est en préparation.)

Les deux premiers volumes ont été traduits en allemand par J. M. Lobstein : Nachrichten und Auszüge aus den Handschriften der kœniglichen Bibliothek zu Paris. Hildburghausen, 1791-1796. Deux volumes petit in-8° en quatre parties.

Il existe aussi une traduction anglaise du premier volume : Accounts and extracts of the manuscripts in the library of the king of France... London, 1789. Deux vol. in-8°.

5. Les Monumens de l'histoire de France. Catalogue des productions de la sculpture, de la peinture et de la gravure relatives à l'histoire de la France et des Français, par M. Hennin. Paris, J.-F. Delion, 1856-1863. Dix vol. in-8°. (Un grand nombre de nos manuscrits à peintures sont passés en revue dans ce catalogue, qui est dressé par ordre chronologique, et qui s'arrête à la mort de Henri IV.)

6. Le Cabinet des manuscrits de la Bibliothèque impériale (nationale), par Léopold Delisle. Paris, Imp. imp., 1868-1881. Trois vol. in-8°, plus un volume de planches. (Il y a des notions sur l'origine et la composition de la plupart des fonds du Département des Manuscrits.)

7. Catalogue de cinquante manuscrits [latins ou français] de la Bibliothèque nationale.

(Pages 7-53 de l'opuscule de L. Delisle, intitulé : Note sur le Catalogue général des manuscrits des bibliothèques des départements. Janvier 1873. In-8° de 53 p.)

8. (Notice de manuscrits entrés à la Bibl. nat. en 1875, dans l'opuscule de L. Delisle, intitulé :) La Bibliothèque nationale en 1875. Paris, 1876. In-8° de 52 p., avec le fac-similé d'une bulle de Silvestre II. (Extrait de la Bibliothèque de l'École des chartes, 1875, t. XXXVII, p. 62-111.)

Une seconde édition de ce rapport occupe les p. 42-96 de l'opuscule intitulé : Ministère de l'instruction publique et des beaux-arts. Division des sciences et lettres. Rapports sur le service des Archives, de la Bibliothèque nationale et des Missions pendant l'année 1876. Paris, Paul Dupont. 1876. In-8° de 141 p.

9. (Notice de manuscrits entrés à la Bibliothèque nationale en 1876, dans l'opuscule de L. Delisle, intitulé :) La Bibliothèque nationale en 1876. Paris, H. Champion, 1877. In-8° de 66 p. (Extr. de la Bibliothèque de l'École des chartes, 1877, t. XXXVIII, p. 193-256.)

10. Bibliothèque nationale. Département des manuscrits, chartes et diplômes. Notice des objets exposés. Paris, H. Champion, 1878. Petit in-8° de 79 p.

Un supplément de 4 pages a été publié pour une exposition temporaire faite en 1879 d'imprimés et de manuscrits récemment acquis; il est intitulé : Exposition des récentes acquisitions de la Bibliothèque nationale. Extr. de la Bibliothèque de l'École des chartes, année 1879, t. XL, p. 388-392.

Seconde édition du même livret. Paris, H. Champion, 1881. Petit in-8° de 85 p.

11. Mélanges de paléographie et de bibliographie, par Léopold Delisle. Paris, Champion, 1880. In-8° de IX et 507 p. Avec atlas. (Contient la notice des principaux manuscrits entrés à la Bibliothèque de 1877 à 1880.)

12. Bibliothèque nationale. Notice d'un choix de manuscrits, d'imprimés et d'estampes acquis dans ces dernières années et exposés dans le vestibule. Mai 1889. Paris, typ. Georges Chamerot, 1889. Petit in-8° de 51 p. (Les p. 1-21 de ce livret contiennent l'indication de 110 manuscrits qui faisaient partie de cette exposition.)

12 *bis*. Liste des manuscrits français et latins acquis pendant l'année 1889. Dans le tome I des Archives historiques, artistiques et littéraires, p. 94-96 et 138-139.

CATALOGUES SPÉCIAUX.

13. Anglais (Manuscrits).

Catalogue des manuscrits anglais de la Bibliothèque nationale, par Gaston Raynaud... Paris, H. Champion, 1884. In-8° de 30 p. (Extr. du Cabinet historique, année 1883, t. XXIX, p. 573-598.)

14. Angleterre (Correspondances des ambassadeurs français en).

Répertoire général de toutes les dépêches et autres documents appartenant aux correspondances des ambassadeurs de France successivement accrédités en Angleterre depuis le règne d'Henry VIII jusqu'au règne de Georges Ier, 1509-1714. Inventaire formé par M. Armand Baschet, d'après les textes conservés dans les différents dépôts de manuscrits tels que bibliothèques et archives en France. (Pages 573-826 du volume intitulé : The XXXIX annual report of the Deputy Keeper of the public records. London, 1878. In-8°.)

Arabes (Manuscrits). Voy. n° 3.

15. Catalogue des manuscrits arabes de la Bibliothèque nationale par M. le baron de Slane. Paris, Impr. nat., 1883 et [1889]. Grand in-4°.

Deux fascicules (p. 1-656) ont paru; ils contiennent la notice de 4057 manuscrits.

Arméniens (Manuscrits). Voy. n° 3.

16. Catalogue des manuscrits arméniens de la Bibliothèque du roy dressé en 1735 par l'abbé de Villefroy. (Pages 1015-1027 du tome II de la Bibliotheca bibliothecarum de Montfaucon, et col. 1120-1140 du tome I du Dictionnaire des manuscrits de l'Encyclopédie de Migne.)

Armorial.

17. Indicateur du grand Armorial général de France : recueil officiel dressé en vertu de l'édit de 1696 par Charles d'Hozier, juge d'armes, publié par le Cabinet historique. Paris, 1866. Deux vol. in-8° de xv-285 et 299 p.

18. Indicateur des armoiries des villes, bourgs, villages, monastères, communautés, corporations, etc., contenues dans l'Armorial général de d'Hozier, par Ulysse Robert... Paris, 1879. In-8° de 192 p. (Extr. du Cabinet historique, t. XXIV et XXV.)

BALUZE (Manuscrits de).

19. Bibliothecæ Baluzianæ pars tertia, complectens codices manuscriptos, diplomata et collectanea V. Cl. Stephani Baluzii. [Paris, 1719.] In-12 de 132 et 116 p. (Il existe des concordances permettant de trouver les cotes actuellement portées par les manuscrits et par les chartes qui sont compris dans ce catalogue.)

20. Inventaire sommaire de la collection de Baluze, dans Bibliothèque de l'École des chartes, 1874, t. XXXV, p. 267-277.

21. Inventaire des mêmes papiers dans les Analecta juris pontificii de monseigneur Chaillo, mars-avril 1868, col. 177-235.

22. Catalogue des mss. 1-124 de la collection Baluze, dans les vol. VII-XVIII du Cabinet historique.

BARROIS (Fonds). Voy. n°s 95 et 96.

BASQUES (Manuscrits). Voy. n° 40.

BASTARD (Collections de).

23. Les collections de Bastard d'Estang à la Bibliothèque nationale. Catalogue analytique par L. Delisle. Nogent-le-Rotrou, 1885. In-8° de XXII et 338 p.

BELGIQUE (Manuscrits sur l'histoire de).

24. La Bibliothèque nationale à Paris. Notices et extraits des manuscrits qui concernent l'histoire de Belgique, par M. Gachard... Bruxelles, M. Hayez, 1875. Deux vol. in-4° publiés par la Commission royale d'histoire.

Tome I, 1875. In-4° de LX et 547 p. Divisions de ce volume : Chroniques. — Histoires, relations, mémoires. — Cartulaires et chartes. — Lettres, instructions, etc. — Supplément.

Tome II, 1877. In-4° de VI et 612 p. Divisions du volume : Conférences diplomatiques, traités, dépêches des ambassadeurs, depuis le règne de François Ier jusqu'à celui de Henri III inclusivement.

BÉNÉDICTINS de la congrégation de Saint-Maur (Manuscrits des). Voy. n°s 25, 29, 87, 88, 110, 113, 115, 117, 118 et 130.

BERTHEREAU (Papiers de dom).

25. Inventaire des matériaux rassemblés par les Bénédictins au XVIIIe siècle pour la publication des historiens des croisades. (Collection dite de dom Berthereau. Paris, Bibl. nat., fr. 9050-

9080.) [Par le comte Riant.] Gênes, 1882. Grand in-8° de 28 p. (Extr. des Archives de l'Orient latin, t. I, p. 257-287. Paris, 1881.)

Bigot (Manuscrits de).

26. Catalogus codicum manuscriptorum bibliothecæ Bigotianæ. In-12 de 31 p. C'est la cinquième partie du volume intitulé : Bibliotheca Bigotiana. Parisiis, 1716. In-12.

27. Une édition annotée, où sont indiquées les cotes actuelles des manuscrits de Bigot, a été publiée par les soins de la Société des bibliophiles normands sous ce titre : Bibliotheca Bigotiana manuscripta. Catalogue des manuscrits rassemblés au xviie siècle par les Bigot, mis en vente au mois de juillet 1706, aujourd'hui conservés à la Bibliothèque nationale, publié et annoté par L. Delisle. Rouen, 1877. In-4° de xxxii et 105 p.

Birmans (Manuscrits).

28. Notice des manuscrits birmans et des manuscrits cambodgiens de la Bibliothèque nationale de Paris, par M. Léon Feer. (Pages 189-197 du t. I des Mémoires de la Société académique indo-chinoise de France (Paris, 1879), in-4°.)

Blancs-Manteaux (Fonds des). Voy. n° 115.

29. Catalogue de la plupart des manuscrits du fonds des Blancs-Manteaux, notamment de ceux qui concernent la Bretagne, dans les vol. III-VI du Cabinet historique.

Bourgogne (Collection sur la), formée par Fevret de Fontette.

30. Inventaire sommaire des manuscrits et pièces détachées qui se trouvent dans la bibliothèque de M. Fevret de Fontette, conseiller au parlement de Dijon, concernant l'histoire de la province de Bourgogne. (Pages 460-493 du t. III de la Bibliothèque historique de la France, éd. Fontette (Paris, 1771), in-fol.)

Un inventaire correspondant à l'état actuel de la collection est compris dans l'inventaire de la collection Moreau; voy. n° 99.

Bourgogne (Collection sur la) formée par les Bénédictins. Voy. n° 115.

Bourgogne (Collection sur la) formée par Joursanvault. Voy. le présent volume, p. 697.

Bourré (Papiers de Jean).

31. Notice biographique sur Jean Bourré, suivie du catalogue chronologique du fonds manuscrit de la Bibliothèque nationale auquel il a donné son nom, par M. Vaesen. Paris, 1886. In-8° de 222 p. (Extrait de la Bibliothèque de l'École des chartes, 1882-1885. — Dépouillement chronologique d'environ 1600 documents originaux relatifs au règne de Louis XI qui faisaient partie des archives de Jean Bourré et qui, jadis donnés à Roger de Gaignières par le marquis de Gersé, forment aujourd'hui les nos 20483-20499 du fonds français.)

Bréquigny (Papiers de).

32. Inventaire sommaire des papiers de Bréquigny, autres que les copies de pièces des archives d'Angleterre, dans Bibliothèque de l'École des chartes, 1874, t. XXXV, p. 276-282.

Les documents rapportés d'Angleterre par Bréquigny sont compris dans l'inventaire de la collection Moreau, n° 99.

Bretagne (Collection de). Voy. nos 29 et 115.

Bretons (Manuscrits). Voy. n° 40.

Brienne (Collection de).

33. Inventaire sommaire de la collection de Brienne, dans Bibliothèque de l'École des chartes, 1874, t. XXXV, p. 283-290.

34. Un autre inventaire abrégé de la même collection se trouve dans la Bibliotheca bibliothecarum de Montfaucon, t. II, 917-921 ; il a été reproduit dans le Dictionnaire des manuscrits de l'Encyclopédie de Migne, t. I, col. 1049-1056.

35. L'inventaire d'une copie de la collection de Brienne qui avait été faite pour Colbert, qui a plus tard appartenu à Sérilly et qui forme aujourd'hui au Musée britannique les nos 30525-30766 du fonds additionnel, a été publié dans Catalogue of additions to the Manuscripts in the British Museum in the years 1876-1881, p. 88-114.

Bruges (Manuscrits de Louis de).

36. Recherches sur Louis de Bruges, seigneur de La Gruthuyse, suivies de la notice des manuscrits qui lui ont appartenu et dont la plus grande partie se conserve à la Bibliothèque du roi, [par Van Praet]. A Paris, chez de Bure, 1831. In-8° de 353 p.

Burnouf (Fonds).

37. Catalogue des livres imprimés et manuscrits composant la bibliothèque de feu M. Eugène Burnouf. Paris, 1854. In-8° de 358 p. (Aux p. 321-353 de ce volume se trouve le catalogue des manuscrits qu'avait réunis Eugène Burnouf et qui furent acquis en bloc par la Bibliothèque nationale.)

Cabinet des titres. Voy. nos 17, 18, 103.

37 *bis*. Le dépouillement de deux séries de Preuves de noblesse, comprises dans les collections du Cabinet des titres, a été donné par M. le comte David de Riocour dans la Revue nobiliaire, savoir : Preuves des demoiselles de la maison de Saint-Cyr, de 1685 à 1766 (t. XVI, p. 289-320 et 392-428), et Preuves des pages du roi, de 1680 à 1761 (t. XVII, p. 134-196).

CAMBODGIENS (Manuscrits). Voy. nos 28 et 77.

CANGÉ (Fonds de).

38. Catalogue des livres du cabinet de M. de Cangé acheté par le roy au mois de juillet 1733. A Paris, 1733. In-12 de 450 p. (Les manuscrits sont mêlés aux livres imprimés dans ce catalogue, à la fin duquel on a ajouté un feuillet contenant la Notice de quelques manuscrits d'élite [au nombre de 18], qui n'étaient pas compris dans le catalogue, et que M. du Cangé (*sic*) a donné (*sic*) au roi.)

CARTULAIRES (Collection de).

39. Inventaire des cartulaires conservés dans les bibliothèques de Paris et aux Archives nationales par M. Ulysse Robert... A Paris, chez Alph. Picard, 1878. In-8° de VIII et 107 p. Extr. du Cabinet historique, t. XXIII, Catalogue, p. 126-235.

Supplément. A Paris, chez Alph. Picard, 1879. In-8° de 12 p. Extr. du Cabinet historique, t. XXV, Catalogue, p. 222.

CATHERINE de Médicis (Manuscrits grecs de). Voy. n° 71.

CELTIQUES (Manuscrits).

40. Catalogue des manuscrits celtiques et basques de la Bibliothèque nationale, par Henri Omont. Paris, 1890. In-8° de 46 p. Extrait de la Revue celtique, t. XI, p. 389-432. — La notice du principal ms. celtique est de M. d'Arbois de Jubainville. Ont aussi collaboré à ce catalogue M. l'abbé E. Bernard (notices des Mystères bretons) et M. Vinson (notices des mss. basques).

CHAMPAGNE (Collection de). Voy. n° 115.

CHANSONS françaises (Anciennes).

41. Bibliographie des chansonniers français des XIIIe et XIVe siècles, comprenant la description de tous les manuscrits, la table des chansons classées par ordre alphabétique de rimes et la liste des trouvères, par Gaston Raynaud. Paris, F. Vieweg, 1884. Deux vol. in-8° de XIII-252 et XVIII-249 p. (Dépouillement détaillé des anciennes chansons françaises contenues dans les manuscrits de la Bibliothèque nationale.)

CHINOIS (Livres). Voy. n° 3.

42. Catalogus librorum Bibliothecæ regiæ sinicorum. (P. 349-505 du volume intitulé : Linguæ Sinarum mandarinicæ hieroglyphicæ grammatica duplex... Author Stephanus Fourmont. Lutetiæ Parisiorum, 1742. In-fol.)

43. Essai d'une bibliographie des ouvrages publiés en Chine par les Européens au XVIIe et au XVIIIe siècle; par Henri Cordier. Paris, E. Leroux, 1883. Grand in-8° de 52 p. (Extr. des Mélanges orientaux publiés par l'École des langues orientales vivantes. —

Cet opuscule est, à vrai dire, le catalogue des travaux de ce genre qui sont dans le fonds chinois. M. Cordier a exactement relevé les cotes de classement.)

Clairambault (Collection).

44. Inventaire des sceaux de la collection Clairambault à la Bibliothèque nationale, par G. Demay... Paris, Impr. nat., 1885, 1886. Deux volumes in-4° de II-700 et 667 p. (Description de 9709 types de sceaux, la plupart du XIVe et du XVe siècle, et indication des actes auxquels les sceaux sont appendus.)

45. Inventaire des pièces dessinées ou gravées relatives à l'histoire de France conservées au Département des manuscrits dans la collection Clairambault sur l'ordre du Saint-Esprit, rédigé par M. A. Flandrin. Paris, librairie Hachette, 1887. In-8° de VI et 575 p. (Dépouillement des pièces gravées ou dessinées contenues dans les vol. 1111-1239 de la collection Clairambault.)

46. Le dépouillement des trente premiers volumes de cette série (Nos 1111-1140) a été donné dans les tomes XVII-XXVI du Cabinet historique.

Cluni (Fonds de).

47. Inventaire des manuscrits de la Bibliothèque nationale. Fonds de Cluni, par Léopold Delisle. Paris, H. Champion, 1884. In-8° de XXV et 413 p.

Coislin. Voy. nos 68, 72, 73 et 118.

Colbert (Fonds de). Voy. n° 129.

48. Abrégé du catalogue que Baluze avait dressé des anciens manuscrits orientaux, grecs, latins, français, etc., de la bibliothèque de Colbert. P. 922-1014 du t. II de la Bibliotheca bibliothecarum de Montfaucon. (Des concordances permettent de trouver les cotes actuelles des manuscrits compris dans ce catalogue. Il y a dans le Dictionnaire des manuscrits (t. I, col. 837-909) de l'Encyclopédie de Migne un extrait du catalogue tel que Montfaucon l'a publié.)

Colbert (Les Cinq cents de). Voy. n° 67 *bis*.

49. Inventaire sommaire de la collection dite des Cinq cents de Colbert, dans la seconde partie des tomes X et XI du Cabinet historique.

Colbert (Les 182 de). Voy. n° 115.

Coptes (Manuscrits). Voy. n° 3.

Croisades (Textes relatifs aux). Voy. nos 25, 102 et 126.

Danois (Manuscrits). Voy. n° 122.

Desnoyers (Manuscrits de J.).

50. Collections de M. Jules Desnoyers. Catalogue des manuscrits anciens et des chartes par L. Delisle... Paris, juin 1888. In-8° de VIII et 84 p. (Les p. 55-84 de cet opuscule sont remplies par une Notice de M. E. de Fréville sur un recueil historique du commencement du XVIIIe siècle, qui n'est point entré à la Bibliothèque nationale.)

DOAT (Collection de). Voy. n° 86.

DU CANGE (Manuscrits de). Voy. n° 67 *bis*.

DUCHESNE (Collection). Voy. n° 67 *bis*.

DUPUY (Collection). Voy. n° 67 *bis*.

51. Inventaire abrégé de la collection Dupuy. (Pages 527-555 du tome XXVIII du Cabinet historique, année 1882.)

52. Inventaire abrégé des 607 premiers volumes, dans la Bibliotheca bibliothecarum de Montfaucon, t. II, p. 851-863, et dans le Dictionnaire des manuscrits de l'Encyclopédie de Migne, t. I, col. 1023-1048.

53. Inventaire sommaire des vol. 1-777 de la collection Dupuy, dans les vol. VIII-X du Cabinet historique.

54. Dépouillement des vol. 1-54 de la même collection, dans les vol. XIII-XV du Cabinet historique.

ESNANS (Collection Courchetet D'), comprise dans la collection Moreau. Voy. n° 99.

54 *bis*. Notice sur une collection de 180 volumes manuscrits concernant l'histoire de la Belgique, conservée à la Bibliothèque du roi, à Paris; par M. Gachard. Bruxelles, 1835. In-8° de 15 p.

ESPAGNOLS (Manuscrits).

55. Catálogo razonado de los manuscritos españoles existentes en la biblioteca real de Paris..., por Eugenio de Ochoa. Paris, 1844. In-4° de 703 p.

56. Catalogue des manuscrits espagnols de la Bibliothèque nationale par M. Alfred Morel-Fatio. Paris, Impr. nat. [1881-.....] In-4°.

Un premier fascicule, paru en 1881, contient la notice des 635 manuscrits espagnols qui étaient à la Bibliothèque en 1881. — Un second et dernier fascicule, qui est sous presse, renferme la notice de 106 manuscrits portugais; — un supplément au catalogue des manuscrits espagnols (notices 636-685); — et les tables. — L'impression est arrivée à la fin de la table alphabétique des manuscrits espagnols.

ÉTHIOPIENS (Manuscrits). Voy. n° 3.

57. Catalogue des manuscrits éthiopiens (gheez et amharique) de la Bibliothèque nationale, [par H. Zotenberg]. Paris, Impr. nat., 1877. In-4° de v et 287 p.

Exposés (Manuscrits). Voy. nos 10, 12 et 96.

Fevret de Fontette (Collection). Voy. n° 30.

Flandre (Collection de). Voy. n° 115.

Fontainebleau (Manuscrits grecs de). Voy. n° 70.

Fontanieu (Collection).

58. Table générale du recueil de titres concernant l'histoire de France tirés tant des anciens manuscrits que des mémoires originaux et pièces fugitives du temps; par M. Gaspard-Moyse de Fontanieu, conseiller d'État ordinaire. (Pages 3-11 du t. IV (partie II) de la Bibliothèque historique de la France, éd. Fontette (Paris, 1775), in-fol.; — et p. 113, 116 et 164 de la seconde partie du t. IX du Cabinet historique.)

Fonteneau (Collection de dom). Voy. n° 113.

Fontette (Collection Fevret de). Voy. n° 30.

Français (Manuscrits). Voy. nos 7, 23, 25, 31, 41, 48, 50.

59. Les manuscrits françois de la Bibliothèque du roi. Leur histoire et celle des textes allemands, anglois, hollandois, italiens, espagnols de la même collection. Par M. Paulin Paris. I-VII. Paris, Téchener, 1836-1848. Sept volumes in-8°. (Ces sept volumes renferment la notice de 1028 manuscrits, répondant aux nos 6701-7310 de l'inventaire de 1682 et portant aujourd'hui dans le fonds français les nos 1-993.)

60. Bibliothèque impériale. Département des manuscrits. Catalogue des manuscrits français. Ancien fonds. Paris, librairie de Firmin Didot, 1868-..... In-4°.

T. I. 1863, p. I-IX, 1-783. Notices des mss. 1-3130.

T. II. 1874, p. 1-810. Notices des mss. 3131-3766.

T. III. 1881, p. 1-800. Notices des mss. 3767-4586.

Le tome IV, en cours d'impression, est tiré jusqu'à la p. 448 (notice du ms. 4947) et en épreuves jusqu'à la p. 456 (notice du ms. 4968).

61. Inventaire sommaire des nouvelles collections de titres originaux de la Bibliothèque nationale, par Ulysse Robert. [Paris, 1877.] In-8° de 100 p. (Inventaire des collections qui forment la cinquième série du fonds français, nos 25697-26484. Extrait du Cabinet historique, année 1877, t. XXIII, p. 1-100.)

62. Inventaire général et méthodique des manuscrits français de la Bibliothèque nationale, par L. Delisle. Paris, Champion.

T. I. Théologie. Paris, 1876. In-8° de CLIX-201 p.

T. II. Jurisprudence. Sciences et arts. Paris, 1878. In-8° de 355 p.

Franche-Comté (Collection sur la), formée par Droz, vol. 862-908 de la collection Moreau.

63. Inventaire sommaire de cette collection dans le Cabinet historique, t. X, part. ii, p. 1-13. — Voy. aussi l'inventaire de la collection Moreau, n° 99.

Franche-Comté (Collection sur la), formée par Joursanvault. Voy. le présent volume, p. 699.

Franche-Comté (Manuscrits relatifs à la).

64. Catalogue des manuscrits relatifs à la Franche-Comté qui sont conservés dans les bibliothèques publiques de Paris, par M. Ulysse Robert. Paris, Champion, 1878. (Extrait des Mémoires de la Société d'émulation du Jura.) In-8° de 318 p. (Les p. 1-251 se rapportent à des manuscrits de la Bibliothèque nationale.)

65. Une première ébauche de ce répertoire avait paru en 1874 : Inventaire sommaire des documents relatifs à la Franche-Comté qui sont conservés dans les bibliothèques de Paris et aux Archives nationales, par Ulysse Robert. Besançon, 1874. In-8° de 36 p. (Extr. de l'Annuaire du Doubs de 1874, p. 119-154.)

Gaignières (Fonds de). Voy. n° 31.

66. Bibliothèque nationale. Inventaire des dessins exécutés pour Roger de Gaignières et conservés aux Départements des estampes et des manuscrits, par Henri Bouchot. Paris, librairie Plon, 1891. Deux vol. in-8° de xxviii-507 et 567 p.

67. Catalogue de différents manuscrits du fonds de Gaignières, avec indication des numéros que portent aujourd'hui les manuscrits. — Dans le t. XXII du Cabinet historique.

Généalogiques (Recueils). Voy. n° 37 *bis*.

67 *bis*. Dans plusieurs volumes de la Revue nobiliaire, publiés de 1862 à 1880, M. Sandret a inséré le dépouillement de certains recueils généalogiques du Département des Manuscrits, notamment de ceux qu'on trouve dans la collection d'André Duchesne, dans les manuscrits de Du Cange, dans ceux de Dupuy, dans le fonds de Saint-Germain et dans les Cinq cents de Colbert.

Grec (Fonds). Voy. nos 3, 48 et 123.

68. Inventaire sommaire des manuscrits grecs de la Bibliothèque nationale par Henri Omont.

Première partie. Ancien fonds grec. Théologie (nos 1-1318). Paris, A. Picard, 1886. In-8° de vi et 301 p.

Seconde partie. Ancien fonds grec. Droit, histoire, sciences (nos 1319-2541). Paris, A. Picard, 1888. In-8° de 280 p.

Troisième partie. Ancien fonds grec. Belles-lettres (nos 2542-

3117). Coislin (nos 1-400). Supplément (nos 1-1100). — Paris et départements. Paris, A. Picard, 1888. In-8° de 384 p.

69. Description des peintures et autres ornements contenus dans les manuscrits grecs de la Bibliothèque nationale, par Henri Bordier. Paris, H. Champion, 1883. In-4° de VIII et 336 p.

70. Catalogues des manuscrits grecs de Fontainebleau sous François Ier et Henri II, publiés et annotés par Henri Omont. Paris, Impr. nat., 1889. Grand in-4° de XXXV-467 p. (La méthode suivie par l'éditeur permet de retrouver la cote actuelle des manuscrits auxquels se rapportent ces catalogues.)

71. Inventaire des manuscrits grecs possédés d'abord par le cardinal Ridolfi, puis par Catherine de Médicis, entrés à la Bibliothèque du roi en 1594. (Une liste de ces manuscrits, tels qu'ils étaient du temps du cardinal Ridolfi, a été publiée par Montfaucon (Bibliotheca bibliothecarum, t. II, p. 766-782); une liste plus moderne se trouve aux p. 169-210 du volume intitulé : Inventaire des meubles de Catherine de Médicis en 1589 : mobilier, tableaux, objets d'art, manuscrits, par Edmond Bonnaffé. Paris, A. Aubry, 1874. Petit in-8°.)

72. Bibliotheca Coisliniana olim Segueriana, sive manuscriptorum omnium græcorum quæ in ea continentur accurata descriptio..., studio et opera D. Bernardi de Montfaucon... Parisiis, 1715. In-fol. de 810 p., plus les cahiers préliminaires a-e. — Voy. n° 68.

73. Abrégé du catalogue des manuscrits grecs de Coislin, dans Montfaucon, Bibliotheca bibliothecarum, t. II, p. 1046-1067.

74. Inventaire sommaire des manuscrits du Supplément grec de la Bibliothèque nationale, par Henri Omont. Paris, 1883. In-8° de XVI et 139 p.

75. Description technique des manuscrits grecs relatifs au Nouveau Testament conservés dans les bibliothèques de Paris..., par M. l'abbé J.-P.-P. Martin. Paris, Maisonneuve, 1884. In-4° de XIX et 205 p.

Grenier (Collection de dom). Voy. nos 110 et 115.

Hagiographiques (Manuscrits latins). Voy. n° 92.

Hébreux (Manuscrits). Voy. n° 3.

76. Catalogues des manuscrits hébreux et samaritains de la Bibliothèque impériale, [par H. Zotenberg]. Paris, Impr. nat., 1866. In-4° de VIII et 263 p.

Hennecart (Collection).

77. La collection Hennecart de la Bibliothèque nationale, par M. L. Feer. Traductions et autres travaux du docteur A. Hennecart. Extrait du Journal asiatique. Paris, Impr. nat., 1877. In-8° de 74 p. (Extrait du Journal asiatique, année 1877, t. IX, p. 161-234.)

HOUSSEAU (Collection de dom). Voy. n° 130.

INDIENS (Manuscrits). Voy. n°s 3 et 37.

ISLANDAIS (Manuscrits). Voy. n° 122.

ITALIENS (Manuscrits).

78. I manoscritti italiani della regia biblioteca parigina, descritti ed illustrati dal dottore Antonio Marsand... Parigi, 1835 et 1838. Deux volumes in-4° de xv-867 et vii-516 p. (Ce catalogue comprend 891 notices répondant à environ 950 volumes.)

79. Inventaire des manuscrits italiens de la Bibliothèque nationale qui ne figurent pas dans le catalogue de Marsand, par Gaston Raynaud. Paris, A. Picard et H. Champion, 1882. In-8° de 152 p. (Extrait du Cabinet historique, année 1881, t. XXVII, p. 133 et 225. — Ce petit volume contient la notice de 800 manuscrits. Combiné avec le travail de Marsand, il forme l'inventaire complet des 1691 manuscrits dont le fonds italien se composait en 1881.)

80. Giuseppe Mazzatinti. Inventario dei manoscritti italiani delle biblioteche di Francia. Roma, 1886-1888. Trois vol. in-8°.

Le vol. I (CLXXXII et 256 p.) et le vol. II (VII et 661 p.) sont consacrés aux manuscrits italiens de la Bibliothèque nationale. Outre des recherches étendues sur l'origine de ces manuscrits, il faut remarquer dans la publication de M. Mazzatinti (t. II, p. 285-509) un dépouillement très détaillé des volumes connus sous le titre de Archivio Sforzesco (n°s 1583-1596 du fonds italien).

81. I codici veneti delle biblioteche di Parigi. Ricerche di Attilio Sarfatti. Roma, 1888. In-8° de XI et 199 p. (Les p. 13-143 sont relatives aux collections de la Bibliothèque nationale.)

82. Mémoire adressé à M. le ministre de l'instruction publique sur le recueil original des dépêches des ambassadeurs vénitiens pendant le XVIe, le XVIIe et le XVIIIe siècle, et sur la copie qui en a été entreprise pour être déposée au Département des manuscrits de la Bibliothèque nationale, par M. Armand Baschet. Paris, Impr. nat., 1877. In-8° de 32 p. (Extrait des Archives des missions scientifiques et littéraires, 3e série, t. IV.)

83. Inventaire sommaire des dépêches des ambassadeurs vénitiens relatives à la France, déposées au Département des manuscrits de la Bibliothèque nationale [mss. italiens 1714-2000]. Paris, A. Picard, 1878. In-8° de 14 p. (Extrait du Cabinet historique, t. XXIV, Catal., p. 259-266.)

Supplément de deux pages inséré en 1879 dans le t. XXV du Cabinet historique (II, 216).

JOLY DE FLEURY (Collection).

84. Inventaire sommaire de la collection Joly de Fleury par A. Molinier. Paris, A. Picard, 1881. In-8° de XXXVI et 114 p. (Extrait du Cabinet historique, t. XXV-XXVII.)

LA GRUTHUYSE (Seigneur de). Voy. n° 36.

LANCELOT (Collection).

85. Catalogue des principaux manuscrits que M. Lancelot a remis et donnés à la Bibliothèque du roi. (P. 1667-1669 du t. II de la Bibliotheca bibliothecarum de Montfaucon, et col. 1073-1080 du t. I du Dictionnaire des manuscrits de l'Encyclopédie de Migne.)

LANGUEDOC (Collection de Doat sur le). Voy. n° 115.

86. Inventaire sommaire de la collection sur l'histoire du Languedoc formée par le président Doat. (P. 180-192 de l'Essai historique sur la Bibliothèque du roi [par Le Prince] (Paris, 1782, in-12); p. 159-169 de la réimpression de 1856. — L'état donné par Le Prince a été reproduit dans le Cabinet historique, t. III, part. II, p. 25 et 79.)

LANGUEDOC (Collection des Bénédictins sur le). Voy. n° 115.

87. Inventaire sommaire de la collection sur l'histoire de Languedoc formée par les Bénédictins. (Dans les vol. II et III du Cabinet historique.)

LATINS (Manuscrits). Voy. nos 3, 7, 23, 48, 50, 113.

88. Inventaire des manuscrits latins conservés à la Bibliothèque nationale sous les nos 8823-18613 et faisant suite à la série dont le catalogue a été publié en 1744 (voyez n° 3), par Léopold Delisle. Paris, A. Durand, 1863-1871. In-8°. (Extrait de la Bibliothèque de l'École des chartes.)

Cet inventaire, qui a d'abord paru en fascicules séparés, est ainsi divisé :

I. Nos 8823-11503. Supplément latin. 1863. Pages 1-127.

II. Nos 11504-14231. Saint-Germain. 1868. Pages 1-132.

III. Nos 14232-15175. Saint-Victor. 1869. Pages 1-79.

IV. Nos 15176-16718. Sorbonne. 1870. Pages 1-77.

V. Nos 16719-18613. Notre-Dame et autres petits fonds. 1871. Pages 1-105.

Appendice. État des manuscrits latins au 1er août 1871. Pages I-XLIII.

89. Inventaire des manuscrits latins de la Bibliothèque nationale insérés au fonds des Nouvelles acquisitions du 1er août 1871 au 1er mars 1874. In-8° de 16 p. (Extrait de la Bibliothèque de l'École des chartes, année 1874, t. XXXV, p. 76-92.)

90. Inventaire des manuscrits latins de la Bibliothèque nationale insérés au fonds des Nouvelles acquisitions du 1er mars 1874 au 31 décembre 1881, par Ul. Robert. (P. 52-74, 164-190 et 293-296 du Cabinet historique, année 1882, tome XXVIII.)

91. Notices et extraits de quelques manuscrits latins de la Bibliothèque nationale, par B. Hauréau. Paris, C. Klincksieck, 1890-...

Tome I. 1890. In-8° de vii et 406 p. Ce premier volume contient la notice de 76 manuscrits de l'ancien fonds. L'auteur a choisi les volumes renfermant des textes peu connus et dont l'attribution à tel ou tel auteur était problématique.

Tome II. 1891. In-8° de 371 p. On y trouve la notice de 66 manuscrits qui ont fait partie soit du Supplément latin soit du fonds latin de Saint-Germain.

92. Catalogus codicum hagiographicorum latinorum, antiquiorum saeculo xvi, qui asservantur in Bibliotheca nationali Parisiensi; ediderunt hagiographi bollandiani. Bruxellis, apud editores; Parisiis, A. Picard. 1889-..... In-8°.

I. 1889. In-8° de viii et 606 p. Notices de 274 mss. cotés 3-5296 B.

II. 1890. In-8° de xv et 646 p. Notices de 256 mss. cotés 5296 C-11341.

III et dernier. Nous en avons reçu les feuilles 1-30, qui conduisent le travail jusqu'à la notice 816.

La Trémoïlle (Fonds de).

93. Catalogue des manuscrits du fonds de La Trémoïlle, par L. Delisle. Paris, H. Champion, 1889. In-8° de 51 p.

Librairie (Archives de la).

94. Inventaire sommaire des archives de la Chambre syndicale de la librairie et imprimerie de Paris, mss. français 21813-22060 de la Bibliothèque nationale, publié par H. Omont. Paris, 1886. In-8° de 22 p. (Extrait du Bulletin de la Société de l'histoire de Paris et de l'Ile-de-France, 1886, t. XIII, p. 151-159 et 174-187. — Le commencement de cet inventaire avait paru en 1881 dans le Cabinet historique, XXVII, ii, 212-224.)

Libri (Fonds).

95. Catalogue des manuscrits des fonds Libri et Barrois, par Léopold Delisle. Paris, H. Champion, 1889. In-8° de xcvii et 331 p. avec planches.

96. Bibliothèque nationale. Notice d'un choix de manuscrits des fonds Libri et Barrois exposés dans la salle du Parnasse français. Paris, 1888. Petit in-8° de 31 p.

Loménie de Brienne. Voy. n° 33.

Lorraine (Collection de). Voy. n° 115.

97. Catalogue des n°s 1-181 de la Collection de Lorraine, dans les vol. II-XV du Cabinet historique.

Un inventaire très sommaire des volumes 1-724 a été donné par M. Lepage, aux p. 143-151 du volume intitulé : Le Trésor des chartes de Lorraine. Nancy, 1857. In-8°.

Louis XI (Documents sur le règne de). Voy. n° 31.

Malais (Manuscrits).

98. Notice des manuscrits malais de la Bibliothèque nationale de Paris, par M. Aristide Marre. (P. 174-188 du tome I des Mémoires de la Société académique indo-chinoise de France. Paris, 1879, in-4°.)

Montchal (Charles de). Anciens manuscrits, arrivés à la Bibliothèque avec ceux de Le Tellier, archevêque de Reims.

98 *bis*. Le catalogue en a été publié par le P. Labbe, dans sa Nova bibliotheca (Paris, 1653, in-4°), p. 189 à 206, et par Montfaucon, Bibliotheca biblioth., t. II, p. 896-910.

Moreau (Collection). Voy. n° 54 *bis*.

99. Bibliothèque nationale. Inventaire des manuscrits de la collection Moreau, par H. Omont. Paris, A. Picard, 1891. In-8° de xiv et 282 p.

Néerlandais (Manuscrits).

100. Catalogue des manuscrits néerlandais de la Bibliothèque nationale, par M. Gédéon Huet... Paris, 1886. In-8° de 74 p.

Norvégiens (Manuscrits). Voy. n° 122.

Notre-Dame de Paris (Manuscrits de). Voy. n° 88.

Obituaires (Collection d').

101. Les obituaires français au moyen âge, par Auguste Molinier. Paris, Impr. nat., 1890. In-8° de iv et 354 p. (Les p. 151-284 sont occupées par un catalogue très ample des obituaires conservés à la Bibliothèque nationale et dans d'autres dépôts.)

Orient latin (Manuscrits relatifs à l').

102. Inventaire sommaire des manuscrits relatifs à l'histoire et à la géographie de l'Orient latin. I. France. A. Paris. Gênes, 1882. Grand in-8° de 81 p. (Extrait des Archives de l'Orient latin, t. II, partie i, p. 134-182, et partie ii, p. 510 et 511.) — Les p. 7-55 se rapportent aux documents de la Bibl. nat.

Orientaux (Manuscrits). Voy. n°s 3, 15, 16, 28, 37, 57, 76, 77, 98, 104, 105, 121, 123, 124 et 128.

Orléans (Documents du xive et du xve siècle relatifs à la maison d'), la plupart du xive et du xve siècle, provenus de la Chambre des comptes de Blois et classés dans la collection des titres originaux du Cabinet des titres, vol. 2151-2168.

103. Catalogue chronologique de pièces cotées 1-1006, par Ul. Robert, dans le Cabinet historique, t. XXIII, XXIV et XXV.

Palis (Manuscrits).

104. Notice des manuscrits palis de la Bibliothèque du roi. (P. 190-212 de l'Essai sur le pali, par E. Burnouf et Chr. Lassen. Paris, 1826. In-8°.)

105. List of Pâli mss. in the Bibliothèque nationale Paris, by M. Léon Feer. (P. 32-37 du Journal of the Pâli Text society, edited by T. W. Rhys David. London, 1882. In-8°.)

Parlement (Collection dite du).

106. Inventaire sommaire de la Collection du Parlement conservée à la Bibliothèque nationale, par H. Omont. Paris, 1891. In-8° de 39 p. (Extrait de la Nouvelle Revue historique de droit français et étranger, t. XV, p. 339-373.)

Payen (Collection du docteur).

107. Catalogue détaillé des lettres autographes, chartes et pièces diverses manuscrites de la collection du docteur Payen. (P. 173-271 de l'Inventaire de la collection des ouvrages et documents réunis par J.-F. Payen et J.-B. Bastide sur Michel de Montaigne, rédigé et précédé d'une notice par Gabriel Richou... Paris, L. Téchener, 1878. In-8° de xvii et 397 p.)

Périgord (Collection de). Voy. n° 115.

108. Inventaire sommaire de la Collection Périgord à la Bibliothèque nationale par M. Philippe de Bosredon. Périgueux, 1890. In-8° de 112 p.

109. Inventaire très sommaire de la collection de Périgord, dans le Cabinet historique, t. III, part. ii, p. 133-144.

Persans (Manuscrits). Voy. n° 3.

Picardie (Collection de). Voy. n° 115.

110. Pouillé des manuscrits composant la collection de dom Grenier sur la Picardie à la Bibliothèque du roi, par Ch. Dufour. Amiens, impr. de Ledieu fils, 1839. In-8° de 90 p. (Extrait du tome II des Mémoires de la Société des antiquaires de Picardie, p. 385-474.)

111. Catalogue des vol. 1-239 de la Collection de Picardie, dans les vol. III-XIV du Cabinet historique.

Picardie (Manuscrits relatifs à la).

112. Notices et extraits des documents manuscrits conservés dans les dépôts publics de Paris et relatifs à l'histoire de la Picardie, par M. Hip. Cocheris... Paris, Durand, 1854 et 1858. Deux volumes in-8° de 693 et 626 p. (Cet ouvrage, dans lequel les indications sont classées suivant l'ordre alphabétique, n'a pas été achevé. Le premier volume contient les articles Picardie en général et Abbeville-Cys; dans le second sont les articles Dagny-Guyencourt.)

Poitou (Collection sur l'histoire de).

113. La table chronologique des chartes rassemblées dans les 27 premiers volumes du recueil de dom Fonteneau à la bibliothèque de Poitiers, table qui s'applique à la copie de ces mêmes volumes formant les vol. 18376-18404 du fonds latin, a été dressée par M. Redet : Tables des manuscrits de D. Fonteneau, I. Poitiers, 1839. In-8° de XVI et 475 p. La Société des antiquaires de l'Ouest, à qui nous devons la publication de ce volume, a fait paraître, en 1855, un fascicule complémentaire consacré aux volumes 27 *bis* et 27 *ter*. Poitiers, 1855. In-8° de 47 p.

Portugais (Manuscrits). Voy. n° 56.

114. Noticia dos manuscriptos pertencentes ao direito publico externo diplomatico de Portugal, e á historia e litteratura do mesmo paiz que existem na Biblioteca R. de Paris..., examinados e colligidos pelo segundo visconde de Santarem. Lisboa, na typografia da Academia real das sciencias, 1827. Petit in-4° de 105 p.

Preuves de noblesse. Voy. n° 37 *bis*.

Provinces (Collections sur l'histoire des).

115. Notice sur des collections manuscrites de la Bibliothèque nationale. Collections relatives à l'histoire des provinces. S. l. ni d. In-8° de 54 p. (Extrait de la Bibliothèque de l'École des chartes, année 1871, t. XXXII, p. 237-290.)

Inventaire très sommaire des collections suivantes : Bourgogne, p. 2; — Bretagne, p. 5; — Champagne, p. 9; — Flandre [les 182 de Colbert], p. 12; — Languedoc, Doat, p. 16; — Languedoc, les Bénédictins, p. 19; — Lorraine, p. 23; — Périgord, p. 35; — Picardie, p. 38; — Touraine, p. 50; — Vexin, p. 52.

Renaudot (Collection).

116. Inventaire sommaire des manuscrits de la collection Renaudot conservée à la Bibliothèque nationale, publié par H. Omont. Paris, A. Picard, 1890. In-8° de 30 p. (Extrait de la Bibliothèque de l'École des chartes, 1890, t. LI, p. 270-297.)

Sabéens (Manuscrits). Voy. n° 128.

Saint-Germain (Manuscrits latins de). Voy. n°s 88 et 91.

117. Catalogue des manuscrits latins de Saint-Germain suivant le classement du XVIIe siècle. (Pages 1124-1143 du tome II de la Bibliotheca bibliothecarum de Montfaucon, et col. 988-1023 du tome I du Dictionnaire des manuscrits dans l'Encyclopédie de Migne. — Il y a une concordance entre les n^os de ce catalogue et les cotes actuelles des manuscrits.)

SAINT-GERMAIN (Manuscrits français de).

118. Catalogue de manuscrits français qui étaient passés de la bibliothèque de Séguier ou de Coislin dans celle de l'abbaye de Saint-Germain. (Pages 1067-1123 du t. II de la Bibliotheca bibliothecarum de Montfaucon, et p. 909-988 du t. I du Dictionnaire des manuscrits de l'Encyclopédie de Migne. — Il n'y a pas de concordance rigoureuse entre les n^os de ce catalogue et les cotes actuelles des manuscrits.)

SAINT-MARTIAL de Limoges (Manuscrits de).

119. Bibliotheca insignis et regalis ecclesiæ sanctissimi Martialis Lemovicensis, seu catalogus librorum manuscriptorum qui in eadem bibliotheca asservantur... Parisiis, 1730. In-8° de 27 p. (Il y a une concordance entre les n^os de ce catalogue et les cotes actuelles des manuscrits de Saint-Martial.)

120. Un autre catalogue des manuscrits de Saint-Martial se trouve dans la Bibliotheca bibliothecarum de Montfaucon (II, 1033-1040) et dans le Dictionnaire des manuscrits (I, 1080-1096) de l'Encyclopédie de Migne.

SAMARITAINS (Manuscrits). Voy. n°s 3 et 76.

SAINT-VICTOR (Manuscrits de). Voy. n° 88.

SANSCRITS (Manuscrits). Voy. n° 37.

121. Catalogue des manuscrits samskrits de la Bibliothèque impériale..., par MM. Alexandre Hamilton... et L. Langlès... Paris, 1807. In-8° de 118 p.

SCANDINAVES (Manuscrits).

122. Catalogue des manuscrits danois, islandais, norvégiens et suédois de la Bibliothèque nationale de Paris, par Olaf Skæbne (Henri Omont). Skalholt, 1887. Petit in-8° de VII et 21 p.

SCEAUX (Collection de). Voy. n° 44.

SÉGUIER (Manuscrits de). Voy. n°s 72 et 118.

123. Catalogue des manuscrits de la bibliothèque de défunt monseigneur le chancelier Séguier. Paris, 1686. In-12. Ce catalogue est ainsi divisé :

I (p. 1-119). Papiers d'État et manuscrits divers.

II (p. 1-48). Manuscrits à miniatures et supplément aux manuscrits divers.

III (p. 1-36). Manuscrits grecs et slavons.

IV (p. 1-45). Manuscrits et livres imprimés orientaux.

Il n'existe point de concordance entre ce catalogue et les catalogues des fonds entre lesquels ont été répartis les manuscrits de Séguier arrivés à la Bibliothèque nationale avec les collections de Saint-Germain.

SFORZESCO (Archivio). Voy. n° 80.

SIAMOIS (Manuscrits). Voy. n° 3.

124. Notice des manuscrits siamois de la Bibliothèque nationale, par le marquis de Croizier... Paris, Challamel et E. Leroux, 1885. In-8° de 85 p. (A d'abord paru dans le tome I des Mémoires de la Société académique indo-chinoise de France (Paris, 1879. In-4°), p. 213-269.)

SLAVES (Manuscrits). Voy. n° 123.

125. Les manuscrits slaves de la Bibliothèque impériale de Paris, par le P. Martinof... Paris, Julien, Lanier, Cosnard et C., 1858. In-8° de 111 p.

SORBONNE (Manuscrits de la). Voy. n° 88.

SUAREZ (Recueil de Henri de).

126. Dépouillement des tomes XXI-XXIII de l'Orbis christianus de Henri de Suarez, par le comte Riant. Gênes, 1881. Grand in-8° de 33 p. (Extrait du tome I des Archives de l'Orient latin, p. 257-287. — Les trois volumes dépouillés dans ce travail, n°s 8983-8985 du fonds latin, se rapportent aux patriarcats de Constantinople et de Jérusalem.)

SUÉDOIS (Manuscrits). Voy. n° 122.

SUISSE (Manuscrits relatifs à la).

127. Inventaire sommaire des documents relatifs à l'histoire de Suisse conservés dans les archives et bibliothèques de Paris, et spécialement de la correspondance échangée entre les ambassadeurs de France aux Ligues et leur gouvernement, par Édouard Rott... Berne, 1882-..... Grand in-8°.

Ire partie. 1444 à 1610. Berne, 1862. In-8° de XII et 471 p.

IIe partie. 1610 à 1648. Berne, 1885. In-8° de XVI et 645 p.

IIIe partie. 1648 à 1684. Berne, 1888. In-8° de VII et 824 p.

SYRIAQUES (Manuscrits). Voy. n° 3.

128. Catalogues des manuscrits syriaques et sabéens (mandaïtes) de la Bibliothèque nationale, [par H. Zotenberg.] Paris, Impr. nat., 1874. In-4° de VIII et 248 p.

TARTARES (Manuscrits). Voy. n° 3.

THOU (Manuscrits de Jac.-Aug. de).

129. Le catalogue de cette célèbre collection, qui est arrivée à la Bibliothèque du roi avec les manuscrits de Colbert, se trouve à la fin de : Catalogus bibliothecæ Thuanæ..., editus a Josepho Quesnel... (T. II, p. 419-530 de l'édition de Paris, 1679, aussi bien que de la réimpression faite à Lauenbourg, en 1704. — Il n'y a pas de concordance qui indique les cotes actuelles des manuscrits enregistrés dans ce catalogue.)

TOURAINE (Collection sur la). Voy. n° 115.

130. Catalogue analytique des diplômes, chartes et actes relatifs à l'histoire de Touraine contenus dans la collection de dom Housseau, par Émile Mabille. Tours, 1863. In-8° de 748 p. (Forme le tome XIV des Mémoires de la Société archéol. de Touraine.)

TRADUCTIONS de textes orientaux. Voy. n° 3.

TURCS (Manuscrits). Voy. n° 3.

VÉNITIENS (Manuscrits). Voy. nos 81, 82, 83.

VEXIN (Collection sur le). Voy. n° 115.

VISCONTI (Papiers de).

131. Inventaire de la Collection Visconti conservée à la Bibliothèque nationale, publié par H. Omont. Paris, E. Leroux, 1891. In-8° de 26 p. (Extrait de la Revue archéologique, année 1891.)

Aux catalogues qui viennent d'être énumérés pourraient s'ajouter de nombreux ouvrages de bibliographie et d'histoire littéraire dans lesquels sont souvent décrits, appréciés et classés des groupes plus ou moins considérables de manuscrits dont un grand nombre appartiennent à la Bibliothèque nationale. Entre beaucoup d'autres, nous devons citer :

Bibliothèque de l'École des chartes. Paris, 1839-..... Grand in-8°. Le tome LII est en cours de publication.

La Bible française au moyen âge. Étude sur les plus anciennes versions de la bible écrites en prose de langue d'oïl, par Samuel Berger. — Paris, 1884. In-8°.

Les traductions de la bible en vers français au moyen âge, par Jean Bonnard. — Paris, 1884. In-8°.

Corpus scriptorum ecclesiasticorum latinorum. — In-8°. (Recueil publié depuis 1866, sous les auspices de l'Académie des sciences de Vienne.)

Mémoire sur d'anciens sacramentaires, par M. Léopold Delisle. — Paris, 1886. In-4° et atlas in-fol. (Extrait des Mémoires de l'Académie des inscriptions et belles-lettres, t. **XXXII**, part. I.)

Lex Romana Visigothorum..., instruxit Gustavus Haenel. — Lipsiæ, 1849. Grand in-4°.

Bibliotheca latina juris canonici manuscripta, von Dr Fr. Maassen. Erster Theil. Die canonensammlungen vor Pseudoisidor. Vienne, 1867. In-8°. (Les trois fascicules dont le volume se compose sont extraits des tomes LIII, LIV et LVI des Comptes rendus de l'Académie des sciences de Vienne; ils contiennent la notice des manuscrits de l'Italie, de la France, de l'Espagne, de l'Angleterre, de la Belgique et de la Suisse. La partie relative aux manuscrits de la Bibliothèque nationale occupe les p. 173-285 du second fascicule et du tome LIV des Comptes rendus.)

Geschichte der Quellen und der Literatur des canonischen Rechts im Abendlande... von Dr Fr. Maassen. — Gratz, 1870. In-8°. (Le premier volume, le seul publié, s'arrête au IXe siècle.)

Decretales pseudo-isidorianæ...; ed. Paulus Hinschius. — Lipsiæ, 1863. In-8°.

Die Geschichte der Quellen und Literatur des canonischen Rechts von Gratian bis auf die Gegenwart, von Dr J. Fr. von Schulte. Stuttgart, 1875-1880. Trois vol. in-8°.

Bibliotheca historica medii ævi..., von August Potthast. Berlin, 1862. In-8°.

Monumenta Germaniæ historica. (Les séries in-fol. et les séries in-4°.)

Archiv der Gesellschaft für ältere deutsche Geschichtkunde... Francfort, 1819 — Hannover, 1874. Douze vol. in-8°. (Collection à laquelle est attaché le nom de Pertz.)

Neues Archiv der Gesellschaft für ältere deutsche Geschichtskunde... — Hannover, 1876-..... In-8°. (Collection faisant suite à celle de Pertz et dont il paraît un volume par an; le t. XVI a été achevé en 1891.)

Descriptive catalogue of materials relating to the history of Great Britain and Ireland..., by Thomas Duffus Hardy. — London, 1862-1871. Trois volumes in-8°, le premier divisé en deux parties. (S'arrête à l'année 1327.)

Bibliothèque historique de la France contenant le catalogue des ouvrages imprimés et manuscrits qui traitent de l'histoire de ce royaume ou qui y ont rapport... Par feu Jacques Lelong... Nouvelle édition, revue, corrigée et considérablement augmentée par M. Fevret de Fontette... — Paris, 1768-1778. Cinq volumes in-fol.

Catalogue des actes de Philippe-Auguste, par L. Delisle. —

Paris, 1856. In-8°. Il y a (p. 525-569) une table de nombreux cartulaires ou extraits de cartulaires.

Catalogue des actes de François Ier, [par l'Académie des sciences morales et politiques]. Paris, 1887-..... Petit in-4°. (Le tome III, publié en 1889, s'arrête à l'année 1539 et au n° 11019.)

Répertoire général des sources manuscrites de l'histoire de Paris pendant la Révolution française, par Alexandre Tuetey. I. — Paris, 1890. In-8°.

Bibliotheca geographica Palaestinae...; herausgegeben von Reinhold Röhricht. — Berlin, 1890. In-8°.

Romania, recueil... publié par Paul Meyer et Gaston Paris.— Paris, 1872-..... In-8°. (Le tome XX est en cours de publication. En 1885 a paru une table générale, où l'on trouve, à la p. 177, la liste des manuscrits de la Bibliothèque nationale dont il a été question dans les dix premiers volumes du recueil.)

Bulletin de la Société des anciens textes français. — Paris, F. Didot, 1875-..... In-8°. (Il parait un petit volume par an. — A la fin du tome X, année 1884, il y a une table des manuscrits qui ont été l'objet de notices dans les vol. I-X du recueil.)

A Dictionary of miniaturists, illuminators, calligraphers and copyists..., by John W. Bradley. — London, 1887-1889. Trois volumes in-8°.

Doivent encore être considérés comme un complément des catalogues les recueils de fac-similés dans lesquels la majorité et parfois la totalité des sujets a été empruntée aux manuscrits de la Bibliothèque nationale. Tels sont les ouvrages suivants :

Nouveau traité de diplomatique... (par dom Toustain et dom Tassin), t. I-VI. — Paris, 1750-1765. Six volumes in-4°. (Les articles qui remplissent quatorze colonnes de la table du t. VI (p. 636-642) permettent de trouver aisément ce que les auteurs de l'ouvrage ont dit d'un assez grand nombre de manuscrits de l'ancien fonds de la Bibliothèque du roi et du fonds de Saint-Germain.)

Paléographie universelle par J.-B. Silvestre. — Paris, 1839-1841. Quatre vol. grand in-fol.

Il y en a eu une édition anglaise publiée en 1850, avec une traduction du texte par Fr. Madden, en deux vol. in-8°.

Peintures et ornements des manuscrits, par le comte A. de Bastard. In-fol. (Sur les différents états des exemplaires de ce recueil, voyez le volume intitulé : Les Collections de Bastard d'Estang à la Bibliothèque nationale, p. 225-270.)

Recueil de [185] fac-similés à l'usage de l'École des chartes. — Paris, A. Picard, 1880. Grand in-fol. (C'est tout ce qui a été publié d'une collection beaucoup plus considérable, dont la première série se compose de nombreuses planches lithographiées qui ne se trouvent pas en librairie.)

Les 50 planches lithographiées de l'atlas joint au Cabinet des manuscrits de la Bibliothèque nationale.—Paris, 1881. Grand in-4°.

Paléographie des classiques latins par Ém. Chatelain. — Paris, Hachette, 1884-..... Grand in-fol. (Il a paru six livraisons renfermant 90 planches.)

Album paléographique..., par la Société de l'École des chartes. — Paris, maison Quantin, 1887. Grand in-fol.

Paléographie musicale, par les Bénédictins de Solesmes. — Solesmes, 1889-..... In-4°. En cours de publication.

Fac-similés des manuscrits grecs datés de la Bibliothèque nationale, du IXe au XIVe siècle, publiés par Henri Omont. — Paris, Ernest Leroux, 1891. In-fol. de XII et 24 p., avec 100 planches en phototypie.

Fac-similés de manuscrits grecs des XVe et XVIe siècles reproduits en photolithographies d'après les originaux de la Bibliothèque nationale et publiés par Henri Omont. — Paris, A. Picard, 1887. In-4° de 15 p. et 50 planches.

Instruments de travail mis à la disposition des lecteurs au Département des Manuscrits.

Suivant les anciens règlements de la Bibliothèque, les lecteurs qui travaillaient au Département des Manuscrits n'obtenaient que par faveur la communication des catalogues, même de ceux qui étaient publiés[1], et la salle de travail ne

1. « Il est interdit aux travailleurs de faire la recherche dans les catalogues, inventaires ou bulletins des objets qu'ils désirent avoir. » (Règlement de 1833, art. 40.)

« Dans aucun département, les catalogues ne sont communiqués au public. » (Règlement de 1839, art. 60.)

« Les catalogues manuscrits, les inventaires, les bulletins ne sont communiqués que sur une autorisation spéciale de l'administrateur général. » (Règlement de 1868, art. 62.)

C'est sous l'administration de M. de Wailly que le catalogue imprimé des anciens fonds a cessé d'être mis dans une armoire fermée à clé.

renfermait point de livres imprimés. Il faut ajouter que l'obligeance des fonctionnaires corrigeait dans une large mesure les inconvénients d'un régime aussi peu libéral.

Aujourd'hui, l'idéal que nous cherchons à atteindre, c'est de mettre à la disposition des lecteurs des catalogues et des répertoires complets permettant à chacun de constater lui-même, sans avoir à interroger un bibliothécaire, tout ce qui peut exister dans nos collections sur un sujet donné. Il reste encore beaucoup à faire pour que ce programme soit rempli. Mais, dès maintenant, quiconque vient travailler au Département des Manuscrits a sous la main, non seulement les catalogues imprimés qui ont été indiqués dans le paragraphe précédent, mais encore des inventaires, des concordances et des répertoires manuscrits qui s'appliquent à toutes les parties du dépôt.

Ces catalogues imprimés ou manuscrits sont placés dans des armoires spéciales et portent sur le dos des numéros de classement répondant à une liste qui a été autographiée en 1891 au commencement d'un petit volume intitulé : « Bibliothèque nationale. Département des manuscrits. Liste des catalogues et livres imprimés mis à la disposition des lecteurs dans la salle de travail » (Paris, 1891 ; in-8° de 47 p.).

Le même petit volume, comme le titre l'indique, contient le catalogue d'une bibliothèque de livres de référence qu'on a soigneusement choisis en vue des recherches, des vérifications et des collations auxquelles les savants se livrent habituellement dans un dépôt de manuscrits : catalogues de manuscrits des différentes bibliothèques de la France et de l'étranger, livres de paléographie et de diplomatique, dictionnaires de langues, bibliographies, répertoires historiques, collections de textes, grandes collections historiques.

Améliorations réclamées pour le Département des Manuscrits.

Les savants qui ont fréquenté, il y a quarante ou cinquante ans, la petite salle du public au Département des Manuscrits, et qui travaillent aujourd'hui dans la longue et belle galerie inaugurée en 1886, peuvent seuls apprécier le progrès accompli depuis un demi-siècle. Mais il ne faut pas se dissimuler qu'il reste beaucoup à faire.

On est loin d'avoir imprimé, même sous une forme sommaire, l'inventaire de tous les manuscrits.

Beaucoup de volumes attendent encore une pagination régulière.

Un assez grand nombre de recueils ne sont pas dépouillés d'une façon suffisante.

Les répertoires méthodiques et alphabétiques ne sont pas complets ni assez détaillés.

Il est fort désirable de voir fondues en une série unique les indications fournies par des répertoires multiples à chacun desquels on ne songe pas toujours à recourir en temps utile.

Il sera indispensable d'avoir un catalogue chronologique des chartes qui sont disséminées dans un nombre infini de recueils.

Il ne sera pas moins nécessaire de relever par ordre chronologique, comme le Conseil de perfectionnement de l'École des chartes l'a déjà fait exécuter pour les 103 premiers volumes des Titres scellés de Clairambault, ces innombrables pièces de la Chambre des comptes qui jalonnent les Annales de la France à partir du xive siècle.

Le travail publié par Demay sur les sceaux de la collection Clairambault montre de quelle utilité serait un inventaire général des sceaux de la Bibliothèque analogue à celui que Douët d'Arcq a rédigé pour les Archives.

Dans un autre ordre d'idées, n'est-on pas fondé à réclamer des listes de manuscrits classés chronologiquement, avec indication de toutes les particularités à l'aide desquelles on en peut fixer la date et le pays d'origine?

Ne faudra-t-il pas continuer les études de M. Bordier et

donner aux archéologues et aux amis des arts un dépouillement des manuscrits à peintures qui permette de suivre en Occident la décadence ou le progrès du dessin et de la peinture pendant une longue suite de siècles?

Un travail des plus utiles et des plus honorables consisterait aussi à dresser des catalogues spéciaux de différents groupes de manuscrits, en s'attachant à classer méthodiquement tous les textes de même nature, quelles que soient les cotes sous lesquelles les manuscrits sont inventoriés et rangés sur les rayons. Le travail serait immense, mais il pourrait être subdivisé à l'infini, de façon que chaque parcelle fût confiée à un collaborateur spécial, qui ne serait pas nécessairement pris parmi les fonctionnaires de la Bibliothèque.

Bibles ou parties de bibles, — livres liturgiques, — ouvrages des Pères de l'Église et des auteurs ecclésiastiques, — actes des conciles et recueils canoniques, — textes de droit romain ou germanique, — récits historiques de l'antiquité, — annales et chroniques du moyen âge, — cartulaires et registres administratifs, — philosophie de l'antiquité, — philosophie du moyen âge, — poésie de l'antiquité, — poésie du moyen âge, etc., etc. : voilà tout autant de chapitres qui pourront se traiter isolément et dont la réunion formera un jour le catalogue général par ordre méthodique de nos manuscrits latins.

De même pour les manuscrits français. Nous devrons avoir tôt ou tard le catalogue raisonné de nos vieux romans, — celui de nos mystères, — celui de nos correspondances diplomatiques, — celui de nos comptes, et ainsi de suite.

En voyant la rapidité avec laquelle se succèdent les volumes d'inventaires des collections manuscrites de Paris et des départements, serait-il même téméraire d'entrevoir la possibilité d'avoir un jour un catalogue où seraient enregistrés, plus ou moins sommairement et avec renvoi aux notices détaillées publiées antérieurement, tous les manuscrits d'une même catégorie conservés dans les différentes bibliothèques publiques de la France? Le volume affecté à la poésie latine, par exemple, contiendrait un chapitre consacré à Virgile, où seraient relevés par ordre de date tous les exemplaires manuscrits des différentes œuvres de Virgile qui sont disséminées dans les bibliothèques de Paris et de la province.

On voit l'immensité du champ que nous avons à mettre en valeur, et il semble que les efforts de plusieurs générations de bibliothécaires suffiraient à peine pour lui donner la fertilité qu'exigent maintenant les travaux d'érudition.

Le but que nous poursuivons sera cependant atteint. On en a pour garant le zèle et le dévouement que mon excellent collègue M. Michel Deprez met à diriger le Département des Manuscrits, et qui n'a d'égal que son désintéressement scientifique et son empressement à faciliter les travaux du public.

Mais la réalisation de nos espérances ne dépend pas exclusivement de l'énergie d'un conservateur et du concours de collaborateurs jaloux de suivre l'exemple de leur chef. Heureusement, nous pouvons compter sur le puissant appui du ministre de l'Instruction publique et sur celui du directeur du secrétariat, à qui sont confiés les intérêts des bibliothèques. Il leur sera facile de faire comprendre au Sénat et à la Chambre des députés le rôle et l'importance des divers départements de la Bibliothèque nationale dans l'ensemble des institutions scientifiques, littéraires et artistiques du pays. Il serait superflu de leur rappeler combien sont insuffisants les expédients auxquels l'administration a eu jusqu'ici recours pour l'impression des catalogues les plus indispensables. Ils savent qu'il convient d'assurer à ce service une dotation proportionnée aux avantages que le public en retirera dans le présent et dans l'avenir.

Les lecteurs qui fréquentent le Département des Imprimés ont largement profité des mesures qui ont été prises depuis

1885 pour prolonger la durée quotidienne de l'ouverture de la salle de travail. Nous ne saurions tarder à appliquer le même régime au Département des Manuscrits, qui, suivant les saisons, devrait être ouvert depuis 9 heures du matin jusqu'à 4, 5 et même 6 heures du soir. Cette réforme est proposée dans l'intérêt des travailleurs, de ceux-là surtout qui, fixés en province ou à l'étranger, tiennent à utiliser tous les instants de leur séjour à Paris.

D'autres réformes sont réclamées pour la conservation même des collections dont le Gouvernement est responsable, et au sort desquelles s'intéressent toutes les nations civilisées.

Il est urgent de remplacer, dans la Galerie mazarine, par un mobilier définitif les armoires et les vitrines qui furent improvisées, il y a treize ans, à l'occasion de l'Exposition universelle de 1878, et dans lesquelles les manuscrits les plus précieux ne sont point protégés contre les ravages de la poussière.

Il faudrait aussi que des collections qui renferment tant de trésors d'art d'une inappréciable valeur cessassent d'être entassées dans des combles, où les peintures des manuscrits sont exposées journellement aux plus graves détériorations. Cette seule considération devrait déterminer le vote des crédits demandés pour l'achèvement de constructions dont la nécessité est unanimement reconnue depuis si longtemps, et par des raisons à la fois si puissantes et si nombreuses.

Puisque j'ai été amené à parler des améliorations dont le Département des Manuscrits pourrait être l'objet, il me sera bien permis d'émettre encore un vœu, ou plutôt de poser une question. La France restera-t-elle simplement spectatrice de la dislocation des grandes collections de manuscrits que de riches amateurs avaient formées en Angleterre depuis un siècle et dont nos dépouilles leur avaient fourni les principaux éléments? L'Angleterre, l'Italie, l'Allemagne, la Belgique et les Pays-Bas ont pris les devants et se sont déjà fait leur part dans une liquidation qui sera vraisemblablement terminée avant la fin du XIXe siècle.

En négligeant d'acheter la partie française des collections de sir Thomas Phillipps, laisserons-nous échapper la merveilleuse occasion qui nous est offerte de réparer des pertes douloureuses, de sauver de glorieux monuments de notre histoire et de notre littérature, d'activer plusieurs genres de travaux d'érudition et de relever l'éclat d'une institution que tous nos gouvernements ont entourée de leur sollicitude, et qui, surtout aux yeux de l'étranger, est un des plus éloquents témoignages de la grandeur intellectuelle de la France?

L'inventaire qui est aujourd'hui publié porte sur environ 3500 manuscrits qui ont été incorporés depuis 1875 jusqu'en 1891 dans le fonds latin et dans le fonds français. Les notices sont plus ou moins développées suivant l'intérêt des manuscrits. J'ai très brièvement indiqué les volumes dont j'avais précédemment donné la description dans des catalogues spéciaux[1]. On ne devra pas demander une rigoureuse uniformité à des descriptions qui, très souvent, se réduisent à des notes prises assez rapidement au moment où l'acquisition des manuscrits était proposée.

1. Mélanges de paléographie et de bibliographie. Paris, 1880. In-8°.

Inventaire des manuscrits de la Bibl. nat., fonds de Cluni. Paris, 1884. In-8°.

Les Collections de Bastard d'Estang à la Bibliothèque nationale. Paris, 1885. In-8°.

Catalogue des fonds Libri et Barrois. Paris, 1888. In-8°.

Collections de M. Jules Desnoyers. Catalogue des manuscrits anciens et des chartes. Paris, juin 1888. In-8°.

Catalogue des manuscrits du fonds de La Trémoïlle. Paris, 1889. In-8°.

Les notices se succèdent dans l'ordre alphabétique des noms d'auteurs ou des noms de matières ; mais un tableau de concordance placé à la fin du volume donne la série numérique des cotes du fonds latin et du fonds français des nouvelles acquisitions, avec renvoi à la page de l'inventaire qui contient la notice du manuscrit placé sous chacune des cotes.

TABLE DE LA PRÉFACE.

Nogent-le-Rotrou, imprimerie DAUPELEY-GOUVERNEUR.